CAYBÉ

UMA CONSTRUÇÃO
DA IMAGÉTICA
DO CANDOMBLÉ BAIANO

Editora Appris Ltda.
1.ª Edição - Copyright© 2023 do autor
Direitos de Edição Reservados à Editora Appris Ltda.

Nenhuma parte desta obra poderá ser utilizada indevidamente, sem estar de acordo com a Lei nº 9.610/98. Se incorreções forem encontradas, serão de exclusiva responsabilidade de seus organizadores. Foi realizado o Depósito Legal na Fundação Biblioteca Nacional, de acordo com as Leis nos 10.994, de 14/12/2004, e 12.192, de 14/01/2010.

Catalogação na Fonte
Elaborado por: Josefina A. S. Guedes
Bibliotecária CRB 9/870

C512c
2023
	Chaves, Marcelo Mendes
	    Carybé: uma construção da imagética do candomblé baiano / Marcelo Mendes Chaves. - 1. ed. - Curitiba: Appris, 2023.
	    120 p.; 23 cm.
	
	    Inclui referências.
	    ISBN 978-65-250-3580-2
	
	    1. Candomblé. 2. Cultura afro-brasileira. I. Título.
	
	                                                                CDD – 299.673

Livro de acordo com a normalização técnica da ABNT

Appris
editora

Editora e Livraria Appris Ltda.
Av. Manoel Ribas, 2265 – Mercês
Curitiba/PR – CEP: 80810-002
Tel. (41) 3156 - 4731
www.editoraappris.com.br

Printed in Brazil
Impresso no Brasil

Marcelo Mendes Chaves

UMA CONSTRUÇÃO
DA IMAGÉTICA
DO CANDOMBLÉ BAIANO

Appris
editora

FICHA TÉCNICA

EDITORIAL	Augusto V. de A. Coelho
	Sara C. de Andrade Coelho
COMITÊ EDITORIAL	Marli Caetano
	Andréa Barbosa Gouveia - UFPR
	Edmeire C. Pereira - UFPR
	Iraneide da Silva - UFC
	Jacques de Lima Ferreira - UP
SUPERVISOR DA PRODUÇÃO	Renata Cristina Lopes Miccelli
ASSESSORIA EDITORIAL	Cibele Bastos
REVISÃO	J. Vanderlei
	José A. Ramos Junior
DIAGRAMAÇÃO	Yaidiris Torres
CAPA	Eneo Lage
REVISÃO DE PROVA	Romão Matheus
	Bárbara Oblinger

A todos meus ancestrais, meus pais e aos meus dois maiores amores,
Gabi e Matheus.

O coração pode ver muito mais profundamente do que os olhos.

(Proverbio iorubá)

APRESENTAÇÃO

A estética afro-brasileira presente na plástica de Carybé, especificamente em suas ilustrações no período de 1950 a 1980, é o lócus deste livro. Sob esse pretexto, analisar a contribuição desse artista para a formação do candomblé baiano por meio de sua imagética foi o principal objetivo.

Nascido em Lanús, subúrbio de Buenos Aires, em 7 de fevereiro de 1911, de pai italiano, Enea Bernabó, e de mãe gaúcha de Santa Maria, Dona Constantina Gonçalves Bernabó, Carybé tinha apenas 6 meses quando o pai, desempregado, resolveu voltar para a Itália. Em 1919, porém, devido à Primeira Guerra Mundial e preocupado com os riscos da febre amarela que assolava a Europa, o Sr. Enea decidiu voltar para o Brasil, instalando-se na capital carioca.

Muito ligado aos irmãos, Roberto e Arnaldo, Carybé começou a trabalhar com eles nas comemorações do Centenário da Independência, em 1922, e na decoração de carnaval para os hotéis Copacabana Palace, Glória e Catete, em 1929. Com o dinheiro que ganharam na decoração de carnaval, o Sr. Enea decidiu então voltar com toda a família para Buenos Aires. Lá Carybé tentou ingressar na Escola de Belas Artes, mas não teve sucesso, tornando-se autodidata. Ainda em companhia dos irmãos, realizou painéis, vitrines e publicidade para casas comerciais, enquanto trabalhava como jornalista em importantes jornais argentinos.

O primeiro contato de Carybé com a cidade de Salvador aconteceu em 1938, quando era correspondente do jornal *El Pregon*, de Buenos Aires. A partir da década de 1950, Carybé se dedicou à temática afro-brasileira em sua plástica e deu início à ilustração da *Coleção Recôncavo*. Fixou residência em Salvador, tornou-se ogã do Ilê Axé Opô Afonjá e aprofundou-se na pesquisa etnológica sobre o candomblé.

A problematização da pesquisa definiu-se a partir das contribuições de Carybé, considerando a relevância de sua construção imagética para o candomblé baiano. Tanto quanto a inquietação original, a metodologia da investigação, contemporizou alterações à medida que nos aproximamos do objeto de estudo e o delimitamos.

O Objetivo geral desse volume contemplou a difusão da plástica afro-brasileira de Carybé, salientando ritos e mitos da diáspora iorubá presentes em suas ilustrações no período de 1950 a 1980. Concomitantemente buscou-se revisitar seu fazimento artístico em direção as evidencias da importância de sua criação especificamente para o candomblé jeje-nagô ou fon-iorubá, bem como promover e incrementar a bibliografia sobre a plástica de Carybé.

De maneira proporcional, outro aspecto de relevância foi a apresentação sob dois modelos de narrativa: verbal e visual.

Como não é possível dissociar a forma do conteúdo, buscamos a construção e a significação da imagem por meio da iconografia sugerida pela pesquisa, procurando fundamentar a materialidade simbólica do conteúdo sob o aspecto formal. Arnheim[1] coloca na imagem um valor de representação, no sentido de representar coisas concretas, um valor simbólico, na representação de coisas abstratas, e um valor de signo na representação de um conteúdo mais amplo. A imagem, portanto, comporta diversas funções, dentre tantas, a simbólica, epistêmica e estética.

Os capítulos foram divididos para dar forma a um percurso sobre a temática afro-brasileira na plástica de Carybé, levando a compreensão do universo do artista no período proposto. Nessa perspectiva, o estudo da arte afro-brasileira mostrou-se rico e complexo.

O primeiro capítulo, "O ilustrador", aborda as questões de senso comum sobre três produções gráficas de Carybé:

A *Coleção Recôncavo*

O Mural dos Orixás, o livro

A série de gravuras *Das Visitações da Bahia*

Salientando a temática afro-brasileira, o capítulo propõe o olhar sobre a religiosidade iorubá presente na imagética do artista, perpassando pela ressignificação religiosa e também por seu debate na década de 1980.

---

[1] ARHEIM, Rudolf. **Visual Thinking**. Berkeley: University of California Press, 1969.

O segundo capítulo, "A estética afro-brasileira de Carybé", apresenta o livro *Os Deuses Africanos no Candomblé da Bahia*. A obra é analisada sob a perspectiva de Cunha em Arte Afro-Brasileira: Definição, que integra o volume História Geral da Arte no Brasil – volume II, organizado por Walter Zanini. A avaliação é dividida sob as óticas: Formal e técnica, finalidade e sentido. Procurou-se traçar os principais aspectos do percurso do artista em relação à temática religiosa afro-brasileira.

O terceiro capítulo, "Os Obás de Xangô", dedica-se à formação do corpo de Obás de Xangô do Ilê Axé Opô Afonjá, uma casa de candomblé queto em Salvador. Esse capítulo fundamenta-se em Capone, Dantas e Lima e, também, relata o diálogo de Carybé com artistas como Pierre Fatumbi Verger, Jorge Amado e Dorival Caymmi, todos ligados à casa.

Para finalizar, a intersecção entre os mais distintos saberes — antropologia, história e sociologia, entre outros — deu lugar a uma experiência interdisciplinar no estudo da história e historiografia da arte afro-brasileira.

SUMÁRIO

1
O ILUSTRADOR 14
   1.1 CADERNOS DO RECÔNCAVO 18
      1.1.1 TEMAS DE CANDOMBLÉ.................................18
         1.1.1.1 CERIMÔNIAS PRIVADAS 31
         1.1.1.2 CERIMÔNIAS PÚBLICAS 32
      1.1.2 FESTAS 39
         1.1.2.1 FESTA DO BONFIM............................39
         1.1.2.2 FESTA DE YEMANJÁ...........................39
   1.2 MURAL DOS ORIXÁS, O LIVRO 41
      1.2.1 IFÁ 44
   1.3 DAS VISITAÇÕES DA BAHIA..................................45
      1.3.1 "VISITAÇÃO DE OMULÚ E SÃO ROQUE AO LEITO DE MORTE DE MARIA SALOMÉ NA RUA DAS LARANJEIRAS, 33"..................46

2
A ESTÉTICA AFRO-BRASILEIRA DE CARYBÉ......................52
   2.1 FORMAL E TÉCNICO 54
      2.1.1 INICIAÇÃO 56
      2.1.2 XIRÊ 57
      2.1.3 SEIS MODELOS DA APRESENTAÇÃO DO LIVRO..............66
         2.1.3.1 EXU 66
         2.1.3.2 OXÓSSI....................................69
         2.1.3.3 NANÃ 71

    2.1.3.4 XANGÔ 73
    2.1.3.5 YEMANJÁ 76
    2.1.3.6 OXALÁ 78
  2.1.4 AXEXÊ 80
  2.1.5 CULTO AOS ANCESTRAIS 80
  2.1.6 TEXTOS 83
    2.1.6.1 MITOS E RITOS AFRICANOS DA BAHIA 83
    2.1.6.2 ORIXÁS DA BAHIA 84
2.2 FINALIDADE E SENTIDO 84

3
OS OBÁS DE XANGÔ 88
3.1 OJÚ OBÁ: PIERRE FATUMBI VERGER 94
3.2 OTUM AROLU – JORGE AMADO 95
3.3 OBÁ ÓNIKÔYI – DORIVAL CAYMMI 97
3.4 O DIÁLOGO ENTRE OS OBÁS 99

REFERÊNCIAS 102

ANEXO A 109
ANEXO B 114
ANEXO C 115
ANEXO D 116
ANEXO E 117

1
O ILUSTRADOR

GOSTO DE GENTE, DE BICHOS, DA TERRA. CADA COISA TEM UMA LINGUAGEM PRÓPRIA, ATRAVÉS DA QUAL PODE SER EXPRESSA. O MURAL, A PINTURA A ÓLEO OU TÊMPERA VINIL: TUDO SÃO FORMAS PARA FIXAR MEU TRÂNSITO POR ESSE MUNDO[2].

A plástica de Carybé desenvolveu-se a partir de diversos suportes e linguagens artísticas. Este capítulo salienta a temática religiosa afro-brasileira em suas ilustrações e painéis. Para tanto, foram selecionadas três produções gráficas:

- A *Coleção Recôncavo*, 1951
- *Mural dos Orixás*, o livro, 1979
- *Das visitações da Bahia*, 1974.

A *Coleção Recôncavo* é uma série de 10 cadernos, encomendada pelo governo do estado da Bahia em 1950, na qual Carybé registra os costumes afro-baianos. A técnica utilizada é bico de pena[3] sobre papel, com os seguintes títulos:

- *Pesca do Xaréu*
- *Pelourinho*
- *Jogo de Capoeira*
- *Feira de Água dos Meninos*
- *Festa do Bonfim*
- *Conceição da Praia*
- *Festa de Yemanjá*[4]
- *Rampa do Mercado*
- *Temas de Candomblé*

---

[2] ARAÚJO, Emanoel (org.). O universo mítico de Hector Júlio Paride Bernabó, o baiano Carybé. São Paulo: Museu Afro-Brasil, 2006, p. 8.

[3] *"[...] a pena oferece diferentes possibilidades de traço, de acordo com a posição adotada pela mão ao desenhar [...]"*, ROIG, Gabriel. **Fundamentos do Desenho Artístico**. São Paulo: Martins Fontes, 2009, p. 60.

[4] Adotou-se ao longo do texto duas gráficas para Iemanjá: iniciando com a letra "i", usual nos dias atuais, e com a letra "y", utilizada por Carybé no conteúdo abordado pela pesquisa.

- Orixás.

Quatro, entre estes, registram a religião de matriz negro-africana iorubá:
- Festa do Bonfim
- Festa de Yemanjá
- Temas de Candomblé
- Orixás.

Carybé comenta:

> NESTE TEMA DEIXO A PALAVRA A FATUMBI, OJU OSÁ, ESSÁ ELEMEXÓ, TAMBÉM CONHECIDO PELO NOME DE PIERRE VERGER QUE SABE MUITO MAIS DO QUE EU.[5]

Para este estudo, foi utilizada uma compilação dos dez cadernos, intitulada de *As Sete Portas da Bahia*, editada em 1962. A obra reúne todos os textos dos cadernos e um apêndice escrito por Pierre Fatumbi Verger, em que ele aborda os seguintes temas relacionados ao candomblé:
- Orixás
- Atabaques
- Ilus
- Arquétipos
- Ferramentas.

O livro *Mural dos Orixás*, edição de 1979, com fotografias coloridas dos 27 painéis representativos dos orixás, é acompanhado pelos *croquis* de cada painel — a edição em preto e branco, de 1971, trouxe um apêndice com os *croquis*. Esses desenhos narram o processo criativo do artista. Cada painel representa o orixá com suas vestimentas, suas armas e seus animais litúrgicos. A obra apresenta introdução de Waldeloir Rêgo, textos de Jorge Amado e Carybé. Os *croquis* apresentados na análise fazem parte do painel de Ifá.

Das Visitações da Bahia, 1974, apresenta uma série de sete xilogravuras em prensa manual. É formada por 65 exemplares numerados e assinados, com textos de Jorge Amado e Carybé. Os títulos são:
- "Visitação de Iansã e Nossa Senhora do Ó à casa de China na manhã de 2 de dezembro de 1902"
- "Visitação de Oxossi a seu cavalo Raimunda Sarará a 5 de outubro de 1917"
- "Visitação de Ogum e morte do soldado Belarmino a 18 de novembro de 1921"
- "Visitação de Omulú e São Roque ao leito

---

[5] CARYBÉ. **As Sete Portas da Bahia**. São Paulo: Martins Editora, 1976, p. 313.

de morte de Maria Salomé na Rua das Laranjeiras, 33"
- "Visitação de São Lázaro a Santo Onofre na noite de 24 de agosto de 1938"
- "Visitação de São Cosme e São Damião a 7 de setembro de 1967"
- "Visitação de Exu à Rua do Açouguinho a 9 de fevereiro de 1972".

Nesse trabalho, Carybé destacou a ressignificação religiosa na relação entre santos católicos e orixás, comum ao candomblé baiano até a década de 1980, período em que passa a ser questionada pelo movimento "antissincretismo". Liderado por Mãe Stella de Oxóssi, iyalorixá do Ilê Axé Opô Afonjá[6], teve seu manifesto proferido na segunda Conferência mundial da tradição orixá e cultura (Comtoc), em 1983. Ela reivindicava o reconhecimento do candomblé como religião de origem africana e propunha, consequentemente, um retorno à "pureza africana" ou "África mítica".

Das sete gravuras elaboradas para *Das visitações da Bahia*, foi selecionada para a análise a "Visitação de Omulú e São Roque ao leito de morte de Maria Salomé na Rua das Laranjeiras, 33".

Ao longo de aproximadamente 50 anos no exercício da temática religiosa afro-brasileira, especificamente em suas ilustrações — a abordagem deste estudo se faz sobre a ilustração de Carybé —, o artista apresentou uma continuidade do tema em outras técnicas, mural, pintura e escultura. Carybé gerou um importante acervo em que ilustrou não apenas seus próprios trabalhos, mas uma gama para outros autores na mesma temática. Como exemplos, Jorge Amado: *Jubiabá;* Pierre Fatumbi Verger: *Lendas dos Orixás;* além de capas para os discos: *Afro-Brazilian Religious Songs* e *Os Orixás;* entre outros.

Tais obras de referência, *Coleção Recôncavo, Mural dos Orixás* e *Das Visitações da Bahia*, indicam um período de grande expressão para a plástica de Carybé, tanto no campo das artes, com o movimento de renovação das artes plásticas baianas, da qual Carybé foi atuante, como na patrimonialização da religião de matriz

---

[6] Ilê Axé Opô Afonjá: nome designativo de um terreiro de candomblé da Bahia, fundando em 1910 por Eugenia Ana dos Santos (Mãe Aninha). Fonte: CARYBÉ, Hector Júlio Paride Bernabó. Mural dos Orixás. Salvador: Banco da Bahia, 1979, p. 81.

negro-africana iorubá. Além de se dedicar a pesquisa sobre o candomblé queto[7], representou legalmente a casa de candomblé Ilê Axé Opô Afonjá, compondo o corpo de Obás de Xangô[8]. Observa-se, portanto, um comprometimento com a religiosidade de matriz negro-africana e não simplesmente um interesse artístico nessa temática.

1.1 CADERNOS DO RECÔNCAVO

Tudo misturado: gente, coisas, costumes, pensares. Vindo de longe ou sendo daqui, tudo misturado.[9]

Carybé chegou à Bahia, pela primeira vez em 1938, seduzido pelo romance *Jubiabá*, de Jorge Amado. Desse primeiro contato até o convite de Anysio Teixeira, secretário de Educação da Bahia, para desenhar os costumes afro-baianos, passaram-se 12 anos de longa espera. No início dos anos de 1950, Carybé decidiu fixar-se na cidade de Salvador, integrando, a partir de então, o movimento de renovação das artes plásticas baianas e tornando-se mais do que um brasileiro; tornou-se um baiano por excelência. Sua plástica sofreu uma profunda transformação, sobretudo pelos valores da arte e cultura africana e sua miscigenação na Bahia, passando a reestruturar sua estética.

Em número de 10, os cadernos da *Coleção Recôncavo* são um importante registro desses valores, todos ligados à cultura de matriz africana. Esses cadernos registram, portanto, uma cidade dos idos dos anos de 1950, mas cujo conteúdo exerce forte influência nas políticas afirmativas do movimento negro.

A análise foi dividida em duas partes: "Temas de Candomblé" e "Festas".

1.1.1 TEMAS DE CANDOMBLÉ

Segundo Carybé, o candomblé:

[...] estará presente na mesa rica e na pobre, nos arvoredos sagrados, nos pés de Loko, nas encruzilhadas onde moureja Exu, nos quindins das

---

[7] Queto: cidade da Nigéria de onde veio o grande contingente de negros escravizados para a Bahia.
[8] Obás de Xangô: corpo de ministros de Xangô do Ilê Axé Opô Afonjá, Salvador.
[9] CARYBÉ, 1976, p. 14.

baianas, nas igrejas, nos mercados, nas folhas da mata.[10]

Nos cadernos *Temas de Candomblé e Orixás*, o artista apresentou uma série de 44 figuras ligadas aos fundamentos religiosos iorubá. As imagens representadas no apêndice de *As Sete Portas da Bahia*, em número de 20, com texto de Pierre Fatumbi Verger, compõem também o estudo, perfazendo um total de 64 figuras.

De acordo com Silva[11], o candomblé caracteriza-se "por ser uma religião iniciática e de possessão extremamente ritualizada", cujos ritos dão, dessa maneira, acesso aos ditos "segredos", estruturando o tempo, o espaço, a corporalidade, a conduta, a hierarquia, os cargos, a nominação, o panteão etc. O autor ainda divide os ritos em dois momentos: as cerimônias privadas e as cerimônias públicas. As cerimônias privadas são aquelas em que só participam os iniciados, por exemplo, a cerimônias de *bori*[12], *orô*[13] e alguns *ebós*[14]; e as cerimônias públicas são abertas ao público em geral, denominadas festas.

Figura 1 - Capa Temas de Candomblé
Fonte: Coleção Cadernos do Recôncavo, 1951

---

[10] CARYBÉ, 1976, p. 238.
[11] SILVA, Vagner Gonçalves. **Orixás da metrópole**. Petrópolis: Vozes, 1995.
[12] Bori: cerimônia afro-brasileira que se faz na cabeça. CARYBÉ, 1979, p. 81.
[13] Orô: cantos e danças específicos de um orixá. Fonte: *As Nações Kêtu*, p. 111.
[14] Ebós: todo sacrifício, por extensão, tudo que é feito para jogar na rua ou na encruzilhada. CARYBÉ, 1979, p. 81.

Figura 2 - Ilustração instrumentos Agbé ou Piano de Cuia Nanquim sobre papel
Fonte: temas de Candomblé, *As sete portas da Bahia*, 1976

Figura 3 - Ilustração instrumentos Adjá Nanquim sobre papel
Fonte: temas de Candomblé, As sete portas da Bahia, 1976

Figura 4 - Ilustração ferramenta de Ossaim Nanquim sobre papel
Fonte: temas de Candomblé, *As sete portas da Bahia*, 1976

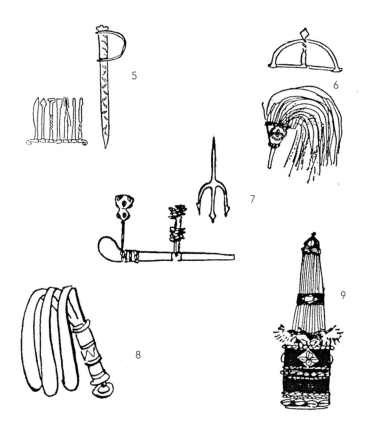

Figura 5 - Ilustração Ferramentas de Ogum Nanquim sobre papel
Fonte: temas de Candomblé, As sete portas da Bahia, 1976
Figura 6 - Ilustração Ferramentas de Oxóssi Ofá e Erukerê Nanquim sobre papel
Fonte: temas de Candomblé; As sete portas da Bahia, 1976
Figura 7 - Ilustração Ferramentas de Exu Ogó e tridente Nanquim sobre papel
Fonte: temas de Candomblé, As sete portas da Bahia, 1976
Figura 8 - Ilustração Ferramentas de Logunedé Amparo Nanquim sobre papel
Fonte: temas de Candomblé, As sete portas da Bahia, 1976
Figura 9 - Ilustração Ferramentas de Omulu Nanquim sobre papel
Fonte: temas de Candomblé, As sete portas da Bahia, 1976

Figura 10 - Ilustração alabês Nanquim sobre papel
Fonte: temas de Candomblé, As sete portas da Bahia, 1976

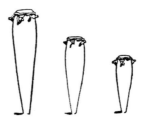

Figura 11 - Ilustração atabaques Rum, Pi e Lê Nanquim sobre papel
Fonte: temas de Candomblé, As sete portas da Bahia, 1976

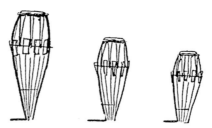

Figura 12 - Ilustração atabaques Rum, Pi e Lê - II Nanquim sobre papel
Fonte: temas de Candomblé, As sete portas da Bahia, 1976

Figura 13 - Ilustração tambores Ilus Nanquim sobre papel
Fonte: temas de Candomblé, As sete portas da Bahia, 1976

Figura 14 - Ilustração xéres Nanquim sobre papel
Fonte: temas de Candomblé, As sete portas da Bahia, 1976

Figura 15 - Ilustração instrumentos Agogô e Gan Nanquim sobre papel
Fonte: temas de Candomblé: As sete portas da Bahia, 1976

Figura 16 - Ilustração padê Nanquim sobre papel
Fonte: temas de Candomblé, As sete portas da Bahia, 1976

Figura 17 - Ilustração Ogãs tocando Nanquim sobre papel
Fonte: temas de Candomblé, As sete portas da Bahia, 1976

Figura 18 - Ilustração transe Nanquim sobre papel
Fonte: temas de Candomblé, As sete portas da Bahia, 1976

Figura 19 - Ilustração Xirê Nanquim sobre papel
Fonte: temas de Candomblé, As sete portas da Bahia.

Figura 20 - Ilustração Nanquim sobre papel
Fonte: temas de Candomblé, As sete portas da Bahia, 1976

Figura 21 - Ilustração Procissão das quartinhas Nanquim sobre papel
Fonte: temas de Candomblé, As sete portas da Bahia, 1976

Figura 22 - Ilustração Nanquim sobre papel
Fonte: temas de Candomblé, As sete portas da Bahia, 1976

Figura 23 - Ilustração Orixás Nanquim sobre papel
Fonte: temas de Candomblé, As sete portas da Bahia, 1976
Figura 24 - Ilustração Orixá Nanquim sobre papel
Fonte: temas de Candomblé, As sete portas da Bahia, 1976
Figura 25 - Ilustração de Mãe Senhora – Iyalorixá do Ilê Axé Opô Afonjá – Salvador BA. Nanquim sobre papel
Fonte: temas de Candomblé, As sete portas da Bahia, 1976
Figura 26 - Ilustração Orixá Nanquim sobre papel
Fonte: temas de Candomblé, As sete portas da Bahia, 1976
Figura 27 - Ilustração Orixá Nanquim sobre papel
Fonte: temas de Candomblé, As sete portas da Bahia, 1976

Figura 28 - Ilustração Ajerê Nanquim sobre papel
Fonte: temas de Candomblé, As sete portas da Bahia, 1976

Figura 29 - Ilustração Orixá Nanquim sobre papel
Fonte: temas de Candomblé, As sete portas da Bahia, 1976

Figura 30 - Ilustração Orixás Nanquim sobre papel
Fonte: temas de Candomblé, As sete portas da Bahia, 1976

Figura 31 - Ilustração Roda de Oxalá Nanquim sobre papel
Fonte: temas de Candomblé, As sete portas da Bahia, 1976

Figura 32 - Ilustração animais litúrgicos Nanquim sobre papel
Fonte: temas de Candomblé, As sete portas da Bahia, 1976

Figura 33 - Ilustração Bori Nanquim sobre papel
Fonte: temas de Candomblé, As sete portas da Bahia, 1976

Figura 34 - Ilustração Nanquim sobre papel
Fonte: temas de Candomblé, As sete portas da Bahia, 1976

Figura 35 - Ilustração Erês Nanquim sobre papel
Fonte: temas de Candomblé, As sete portas da Bahia, 1976

Figura 36 - Ilustração Orixá Nanquim sobre papel
Fonte: temas de Candomblé, As sete portas da Bahia, 1976

Figura 37 - Ilustração Padê II Nanquim sobre papel
Fonte: temas de Candomblé, As sete portas da Bahia, 1976

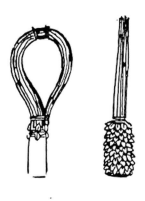

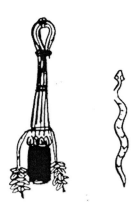

Figura 38 - Ilustração Ferramentas de Nanã Nanquim sobre papel
Fonte: temas de Candomblé, As sete portas da Bahia, 1976

Figura 39 - Ilustração Ferramentas de Oxumarê Nanquim sobre papel
Fonte: temas de Candomblé, As sete portas da Bahia, 1976

Figura 40 - Ilustração Oxê Nanquim sobre papel
Fonte: temas de Candomblé, As sete portas da Bahia, 1976

Figura 41 - Ilustração Adê de Dadá Nanquim sobre papel
Fonte: temas de Candomblé, As sete portas da Bahia, 1976

Figura 42 - Ilustração Eruexim e Alfanje Nanquim sobre papel
Fonte: temas de Candomblé, As sete portas da Bahia, 1976

1.1.1.1 CERIMÔNIAS PRIVADAS

Em *Temas de Candomblé*, Carybé retratou alguns ritos em uma sequência de 27 figuras. Segundo Rêgo[15], existe uma força mágica e mística chamada *axé*[16] sem a qual não pode haver rito, sendo classificado entre positivo ou negativo. O positivo é originário dos orixás e ancestrais; essa essência protege as pessoas de modo geral. O negativo, chamado *Aje*, é ligado à energia de destruição. Os ritos são realizados em decorrência dessas duas forças antagônicas e complementares. Para Silva[17], no candomblé:

Há uma nova estruturação do mundo que deverá ser aprendida por etapas e que começam no ato de "bolar", quando o indivíduo "morre" para a vida profana, iniciando o período de recolhimento, para renascer no dia de sua saída pública.

As figuras apresentadas em *Temas de Candomblé* e *Orixás* estão diretamente relacionadas aos ritos da religião.

As cerimônias privadas estão representadas nas seguintes figuras e ritos:
- Ipadê
- Animais litúrgicos
- Bori.

IPADÊ

Santos[18] considera o ritual do Ipadê como um rito prioritário para a liturgia de uma cerimônia de candomblé iorubá: "Ele deve ser celebrado antes do início das cerimônias públicas durante os ciclos anuais e sempre que tenham lugar oferendas importantes". De acordo com a autora, no Ilê Axé Opô Afonjá, a cerimônia do Ipadê é um rito solene e privado, em que só participam pessoas ligadas ao terreiro.

ANIMAIS LITÚRGICOS

A figura dos animais litúrgicos constitui uma das maiores fontes de transmissão de axé. Santos explica:

O ÀSE É CONTIDO NUMA GRANDE VARIEDADE DE ELEMENTOS REPRESENTATIVOS DO REINO ANIMAL, VEGETAL E MINERAL QUER

---

[15] REGÔ, Waldeloir in CARYBÉ, Hector Júlio Paride Bernabó. Os Deuses Africanos no Candomblé da Bahia. Salvador: Bigraf. 1993, p. 189.

[16] Axé: Força espiritual. ROCHA, Agenor Miranda. As Nações Kêtu – Origens, Ritos e Crenças dos Candomblés Antigos do Rio de Janeiro. Rio de Janeiro: Maud, 2000, p. 108.

[17] SILVA, Vagner Gonçalves. Orixás da metrópole. Petrópolis: Vozes, 1995, p. 122.

[18] SANTOS, Juana Elbein dos. **Os Nàgô e a morte**: Pàde, Àsèsè e o culto Égun na Bahia. Petrópolis: Vozes. 2008, p. 185.

SEJAM DA ÁGUA (DOCE OU SALGADA), QUER DA TERRA, DA FLORESTA, DO "MATO", OU DO ESPAÇO "URBANO".[19]

O axé é parte das substâncias essenciais de cada ser vivo, animado e inanimado, simples ou complexo, que compõe o mundo. O sangue, ou seja, força vital, como portador de axé, classifica-se em três grupos: vermelho, branco e preto. O sangue vermelho está presente no reino animal, compreendendo o ciclo menstrual, sangue humano ou animal. Daí o fundamento religioso ligado aos animais sacrificados de cada orixá. A figura de *Temas de Candomblé* apresenta um cabrito, uma galinha d'Angola e um galo, além de um alguidar e do fogo sendo preparado para dar seguimento ao rito de sacrifício.

BORI

Conforme elucida Silva[20], a cerimônia do bori consiste em "dar comida à cabeça", ao *ori*[21], "com o objetivo de fortificá-la e, ao mesmo tempo, reverenciá-la", tendo em vista que o orixá tomou posse daquela cabeça. Após a consulta ao jogo de búzios, são executados os *ebós* necessários antes do recolhimento da pessoa no terreiro para a cerimônia de feitura. Segundo o autor, o recolhimento pode variar de três a sete dias em média. "Nessa cerimônia são oferecidos alimentos e sangue de um pombo à cabeça do borizado, iniciando a aliança com seu ori e com seu orixá". Rêgo[22] ainda complementa "o ori de cada pessoa tem em potencialidade a felicidade ou a desgraça dessa pessoa, o sucesso e o fracasso, tudo que é bom e tudo que é ruim." A cabeça, chamada ori, representa toda a força de um corpo concentrado nela.

1.1.1.2 CERIMÔNIAS PÚBLICAS

As figuras que representam as cerimônias públicas são:
- Xirê[23]
- Alabês[24]
- Transe e possessão
- Iyalorixá[25]
- Orixás.

---

[19] SANTOS, 2008, p. 41.
[20] SILVA, 1995, p. 124.
[21] Ori: cabeça. ROCHA, 2000, p. 111.
[22] REGÔ, Waldeloir in CARYBÉ, 1993, p. 189.
[23] Xirê: dança. *As Nações Kêtu*, p. 111.
[24] Alabê(s): designa o Ogã encarregado de iniciar as cantigas. *Op. cit.*, p. 107.
[25] Iyalorixá: o mesmo que "mãe de santo". Autoridade máxima de uma casa de santo. *Op. cit.*, p. 110.

Silva[26] analisa as chamadas festas pelo seguinte prisma:

A associação do necessário com o possível também se dá no nível das cerimônias públicas que compõem a estrutura ritual do candomblé e constitui a sua face de contato com o mundo exterior.

Uma festa de candomblé é uma cerimônia baseada na forma de xirê, com cantigas em iorubá – no caso do candomblé queto, e danças circulares relacionadas aos deuses e aos seus mitos, tendo como objetivo central invocar os orixás por meio do transe e da possessão. O barracão é o espaço de uma casa de candomblé em que acontece toda cerimônia pública. Esse lugar guarda o coro de atabaques, os alabês permanecem durante a cerimônia invocando a manifestação dos orixás nos corpos de seus filhos.

A iyalorixá ou o babalorixá[27] têm uma posição de honra, pois, além de conduzirem toda a liturgia, representam a figura de intermediação entre o orun[28] e o ayie[29]. Por meio de suas mãos os orixás nascem nos corpos de seus filhos, sendo, portanto, a figura mais ilustre presente em uma cerimônia pública ou privada. Verger[30] define orixá da seguinte maneira: *O orixá é uma força pura, asé imaterial, que só se torna perceptível aos seres humanos incorporando-se em um deles* [...]. No caderno Orixás, Carybé representa a sequência de orixás, a saber:

- Exu
- Ogum
- Oxossi
- Logunedé
- Águê
- Omolu
- Nanã Burucu
- Oxumaré
- Xangô
- Iansã
- Oxum
- Yemanjá
- Oxaguian
- Oxalá
- Ossaim
- Erês.

---

[26] SILVA, 1995, p. 137.
[27] Babalorixá: o mesmo que pai de santo. Autoridade máxima de uma casa de santo.
[28] Orun: o conjunto de nove espaços em que se divide o infinito; a terra (aiyê) é o quinto espaço, o espaço do meio. Op. cit., p. 111.
[29] Aiyê: a terra, local onde habitam os seres vivos. O quinto espaço do Orun ou o espaço do meio. Op. cit., p. 107.
[30] VERGER, Pierre Fatumbi. **Orixás**. Salvador: Corrupio, 2002, p. 19.

Além desses, há mais duas figuras, uma que retrata o Ipadê e outra a procissão de quartinhas.

Figura 43 - Capa Orixás
Fonte: Coleção Cadernos do Recôncavo, 1951

Figura 44 - Ilustração Exu Nanquim sobre papel
Fonte: Orixás, As sete portas da Bahia, 1976
Figura 45 - Ilustração Omulu Nanquim sobre papel
Fonte: Orixás, As sete portas da Bahia, 1976
Figura 46 - Ilustração Aguê Nanquim sobre papel
Fonte: Orixás, As sete portas da Bahia, 1976
Figura 47 - Ilustração Ogum Nanquim sobre papel
Fonte: Orixás, As sete portas da Bahia, 1976
Figura 48 - Ilustração Iaô Nanquim sobre papel
Fonte: Orixás, As sete portas da Bahia, 1976.

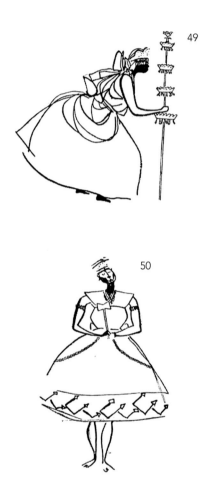

Figura 49 - Ilustração Oxalá Nanquim sobre papel
Fonte: Orixás, As sete portas da Bahia, 1976
Figura 50 - Ilustração Xangô Nanquim sobre papel
Fonte: Orixás, As sete portas da Bahia, 1976

Figura 51 - Ilustração Nanã Nanquim sobre papel
Fonte: Orixás, As sete portas da Bahia, 1976
Figura 52 - Ilustração Oxumarê Nanquim sobre papel
Fonte: Orixás, As sete portas da Bahia, 1976
Figura 53 - Ilustração Oxaguiã Nanquim sobre papel
Fonte: Orixás, As sete portas da Bahia, 1976
Figura 54 - Ilustração Ossaim Nanquim sobre papel
Fonte: Orixás, As sete portas da Bahia, 1976
Figura 55 - Ilustração Êres Nanquim sobre papel
Fonte: Orixás, As sete portas da Bahia, 1976

Figura 56 - Ilustração Oxóssi Nanquim sobre papel
Fonte: Orixás, As sete portas da Bahia, 1976
Figura 57 - Ilustração Logunedé Nanquim sobre papel
Fonte: Orixás, As sete portas da Bahia, 1976
Figura 58 - Ilustração Iansã Nanquim sobre papel
Fonte: Orixás, As sete portas da Bahia, 1976
Figura 59 - Ilustração Oxum Nanquim sobre pape
Fonte: Orixás, As sete portas da Bahia, 1976
Figura 60 - Ilustração Yemanjá Nanquim sobre papel Carybé
Fonte: Orixás, As sete portas da Bahia, 1976

1.1.2 FESTAS

Como comenta Silva[31], em junho, mês de São João e São Pedro, são comuns as fogueiras de Xangô. Com frequência, aponta, os terreiros de candomblé seguem um calendário litúrgico fixo, definindo o número de festas no decorrer de um ano. As festas que homenageiam os orixás estão associadas de certa maneira ao catolicismo, no exemplo citado o sincretismo é entre São Pedro e São João Batista, e o orixá Xangô, deus do fogo e da justiça.

Os cadernos que ilustram as festas são:

Festa do Bonfim

Festa de Yemanjá

1.1.2.1 FESTA DO BONFIM

O *Caderno do Recôncavo* de número 5 registra a festa do Senhor do Bonfim, realizada no segundo domingo depois do dia de Reis, em meados de janeiro. No texto, Carybé[32] descreve que as baianas, com alvo e imaculado traje, partem da Igreja da Conceição para o Bonfim, levando potes de água límpida e muitas flores, "margaridas, dálias, rosas e angélicas".

As baianas abrem o cortejo, seguidas da cavalhada; de carroças enfeitadas de folhas de bananeira, galhos de pitanga, bandeirinhas coloridas e flores, e da família do carroceiro, de ciclistas, jegues, e de todo o povo. A festa se estende até a noite do dia seguinte, quando se apresentam os Ternos de Reis, com seus cantares e bailados. Há ainda rodas de samba e capoeira.

Na segunda-feira, a festa se transfere para a Ribeira, muda de lugar e de intenção. A devoção ao Senhor do Bonfim dá lugar ao Carnaval.

1.1.2.2 FESTA DE YEMANJÁ

QUE TODOS OS ANOS RECEBE O HUMILDE PRESENTE DE SEUS FILHOS PESCADORES.[33]

No caderno *Festa de Yemanjá*, Carybé produziu uma série de 27 figuras. Na apresentação, descreve o roteiro seguido pelos adeptos do candomblé com suas principais atividades no dia da festa. Explica que Yemanjá é a deusa de ori-

---
[31] SILVA, 1995.
[32] CARYBÉ, 1976, p. 163

[33] CARYBÉ, 1976, p. 193.

gem africana que rege as águas salgadas, sendo dedicado a ela o dia 2 de fevereiro, ocasião em que os fiéis oferecem presentes de toda sorte à mãe das águas, como flores, perfumes, recados, pentes, dinheiro, brincos e braceletes, tudo depositado na praia do Rio Vermelho.

Segundo Carybé[34], Yemanjá, *mãe de todos os orixás e de nós todos*, sempre atende ao apelo que pode vir da Bahia, de Cuba, do Haiti, do Benin, de São Luís do Maranhão. Ela não deixará de vir para receber os presentes e ouvir os cantos antigos em língua iorubá: *cantos que ela ouve há séculos nas costas do Atlântico, tanto nas da África como nas da América*[35]. A festa de Yemanjá encerra o ciclo de festas populares da Bahia.

---

[34] CARYBÉ, 1976, p. 194.

[35] CARYBÉ, 1976, p. 194.

Figura 61 – Capa Festa do Bonfim
Fonte: Coleção Cadernos do Recôncavo, 1951

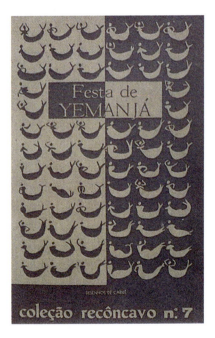

Figura 62 – Capa Festa de Yemanjá
Fonte: Coleção Cadernos do Recôncavo, 1951

1.2 MURAL DOS ORIXÁS, O LIVRO

O livro *Mural dos Orixás* registra a série de 27 painéis representativos sobre os orixás, acervo do Museu Afro-Brasileiro de Salvador. O mural foi encomendado pelo Banco do Estado da Bahia, sendo concluído em 1968. Dos painéis, 19 medem três metros de altura por um metro de largura; e oito medem dois metros de altura por um de largura. Todos são entalhados em cedro com incrustações de objetos diversos ligados ao candomblé.

Tanto a edição de *Mural dos Orixás*, de 1979, com fotos coloridas e edição bilíngue português-inglês, como a edição em preto e branco, de 1971, com o título *Mural do Banco da Bahia*, abarcam os *croquis* de cada painel. A análise foi feita sobre os *croquis* do painel de Ifá.

Figura 63 - *Exu*, 1968. Madeira (cedro) entalhada com incrustações. Carybé 3 x 1 x 0,10 m
Fonte: Livro Mural dos Orixás, Carybé, 1979. Fotos: DARIO GUIMARÃES NETO E GIANFRANCO DAI BIANCO.

Figura 64 - *IFA* 1968. Madeira (cedro) entalhada com incrustações. Carybé 3 x 1 x 0,10
Fonte: Livro mural dos orixás, carybé, 1979. Fotos: dario guimarães neto e gianfranco dai bianco.

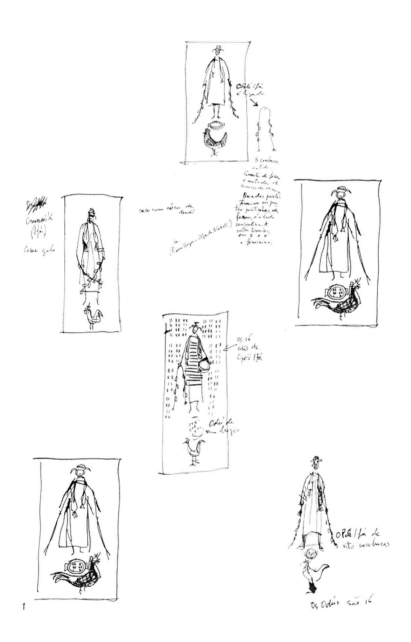

Figura 65 – Carybé. *Croquis para o painel de Ifá*. Nanquim sobre papel, 1967
Fonte: Livro mural dos orixás, carybé, 1979. Fotos: dario guimarães neto e gianfranco dai bianco

1.2.1 IFÁ

Na técnica de bico de pena sobre papel, os *croquis* com o traço marcante de Carybé retratam Ifá segurando na mão direita o *opelê*[36] e, na mão esquerda, os signos do *Odu Ifá*[37] *Ogundá*, ao fundo traz a representação dos 16 signos de *Odu Ifá*; na base do painel está representado, com incrustações de búzios e contas de miçangas, o *Odu Ifá Oturopon*, com 14 búzios abertos e dois fechados, além de um galo.

Para Rêgo[38], o culto a Ifá é fundamentalmente um dos aspectos mais essenciais da religião do candomblé. Seu culto se orienta por meio dos *ítans*[39], causando, nesse sentido, uma enorme diversidade mítica; por intermédio de Ifá se faz a prática divinatória utilizando-se dois métodos: o *Opelê* e os *Ikins*[40]. O sacerdote de Ifá, chamado *babalaô*[41], munido do *opon Ifá*[42], da imagem de Exu dentre outros objetos sagrados, procede à sua prática cujas respostas são interpretadas por meio dos *odù*. O autor considera os *odù* como divindades, do mesmo modo que Ifá e os demais orixás. De acordo com a narrativa mitológica:

Os odù desceram do céu para a terra, onde foi feito um grande trono, colocado num lugar aberto, para, nele, eji ogbe se sentar. eji ogbe é o mais velho, mais importante e o rei dos odù, por isso os outros 15 odù, sentaram em sua volta, formando um círculo. Os omó odù ou odù menores são também considerados divindades.[43]

Os *odú* são divididos em duas categorias: *ojú odú*, olho do *odú*; e *omo odú*, filho do *Odú*. A primeira categoria é constituída dos 16 *odú* maiores e, a segunda, é formada pela combinação dos 16 *odú* maiores entre si, resultando um total de 256 *odú*. Os orixás estão diretamente relacionados aos *odù*. Para cada um desses *odù*, res-

---

[36] Opele: rosário com que Ifá, deus da adivinhação faz a prática divinatória. *CARYBÉ, 1979*, p. 81.
[37] Odu Ifá: espécie de signo que rege a existência de uma pessoa durante a vida. *As Nações Kêtu*, p. 110.
[38] RÊGO, Waldeloir; CARYBÉ, 1993, p. 188.
[39] Itan(s): conto ou parábola que é utilizado para transmitir os conhecimentos do candomblé. *Ibid.*, p. 109.
[40] Ikins: dezesseis coquinhos de palmeira devidamente selecionados. *Jogo de búzios*, p. 19.

[41] Babalaô: pai do segredo. *Os Deuses Africanos no Candomblé da Bahia*, p. 188.
[42] Opon Ifá: bandeja de madeira, de forma arredondada ou retangular, chamada Opón, onde é colocado um pó amarelado — ìyèròsùn. *Jogo de búzios*, p. 19.
[43] RÊGO, 1993, p. 188.

pondem determinados orixás, e *ebós* apropriados são designados. Eles possuem fundamentos, como folhas sagradas; *ewo*[44]; e cores, o que permite a distinção entre um e outro. A reunião de todos os *odù* narra a fala de Ifá. Após o texto de apresentação de Amado no livro *Mural dos Orixás*, há uma nota explicativa:

O mural representando os Orixás, deuses africanos cultuados até hoje nos candomblés da Bahia, compõem-se de vinte e sete pranchas de madeira de cedro entalhadas, levando ainda incrustações de ouro, prata, búzios da costa, cobre latão, vidros e ferro conforme a simbologia do culto. [...] Foram consultados: Dona Menininha do Gantois, Dona Olga do Alaketo, Pierre Fatumbi Verger, Eduardo Ijexa, Agenor Miranda e Nézinho de Muritiba.[45]

Todas as pessoas citadas são de grande expressão e projeção no universo do candomblé baiano. Amado conclui:

Ifá ou Orumilá é o deus da adivinhação. Suas vestes são brancas e ele usa o opelê para responder as perguntas no jogo das adivinhas. Leva sempre consigo um saco contendo cocos de dendê. Seu dia da semana é quinta-feira.[46]

Os *croquis* registram ainda as anotações de Carybé, como em um diário de bordo, fazendo referência aos nomes de Pierre Fatumbi Verger e Olga do Alaketo, além de informações fundamentais para a confecção do painel. Essa metodologia presente nos *croquis* do painel de Ifá se repete pelos outros 26 painéis que compõem o mural.

1.3 DAS VISITAÇÕES DA BAHIA

A edição de 1974 de *Das Visitações da Bahia* compreende uma série de sete gravuras, inseridas no tema central sobre o sincretismo religioso. A gravura selecionada para a observação é "Visitação de Omulú e São Roque ao leito de morte de Maria Salomé na Rua das Laranjeiras, 33".

Na concepção de Silva, o sincretismo desempenhou um importante papel na constituição do panteão das religiões afro-brasileiras: "Historicamente, a associação entre os deuses das várias etnias dos

---

[44] Ewô: proibição. *As Nações Kêtu*, p. 109.

[45] AMADO, Jorge; CARYBÉ. *Mural dos orixás*, Salvador, Banco da Bahia Investimentos S/A. 1979, p. 12.

[46] AMADO; CARYBÉ, 1979, p. 74

negros já ocorria antes de eles serem trazidos para o Brasil"[47].

De acordo com o autor, um fator preponderante para o sincretismo estava nas semelhanças existentes entre o conceito de orixá dos iorubá; de vodum dos jeje, no rito jeje-nagô[48]; e de inquice dos banto, no rito angola[49]. Tais divindades eram classificadas como forças espirituais humanizadas, com personalidades próprias, características físicas e domínios naturais, entre outros. Esses segmentos religiosos africanos tinham ainda em comum a crença em um ser supremo, chamado *Olodumarè* pelos iorubá; de *Mavu e Lissa* entre os jeje; e de *Zambi* entre os banto.

A aproximação entre os deuses africanos e os santos católicos ocorre pela crença em um ser supremo que teria criado a natureza e as divindades intermediárias, que, no caso da Igreja Católica, é representada na figura dos santos. O sincretismo, portanto, é oriundo dessa aproximação, podendo-se dizer que ele também aconteceu de uma forma regional, de acordo com os povos escravizados que chegavam e com a possível combinação com os santos católicos de adoração do lugar.

1.3.1 "VISITAÇÃO DE OMULÚ E SÃO ROQUE AO LEITO DE MORTE DE MARIA SALOMÉ NA RUA DAS LARANJEIRAS, 33"

Na gravura "Visitação de Omulú e São Roque ao leito de morte de Maria Salomé na Rua das Laranjeiras, 33" o sincretismo é entre Omulu e São Roque. A ilustração narra uma graça alcançada por Maria, que, após ter recebido a intervenção de Omolu e São Roque, ficou boa e acabou por manter uma casa de tolerância (prostíbulo) de grande nome. Omulu é o orixá associado à varíola e às demais doenças contagiosas e de pele. Devido às profundas marcas da varíola deixadas em seu corpo, Omolu se cobre com a palha da costa. Silva discorre:

No período colonial do Brasil, devido à grande incidência de doenças contagiosas a que estavam expostos os escravos e a população em geral, seu

---

[47] SILVA, Vagner Gonçalves da. **Candomblé e Umbanda**: Caminhos da Devoção Brasileira. São Paulo: Selo Negro, 2005, p. 69.

[48] Jeje-nagô: esse rito, que abrange as nações queto, ijexá etc., e as nações jejes (jeje-fon e jeje-mattin), enfatiza o legado das religiões sudanesas (SILVA, 2005).

[49] Angola: esse rito, que abrange principalmente o cerimonial congo e cabinda, procura enfatizar a herança das regiões bantos (SILVA, 2005).

culto confundiu-se com o dos santos católicos protetores dos homens contra os males físicos.[50]

A associação mais comum de Omulu seria com São Lázaro, que também traz as marcas das chagas por todo corpo, mas existe uma forma jovem e guerreira do deus, chamado Obaluayie, que por sua vez encontra em São Roque sua interligação. Carybé considera o sincretismo como um avatar do orixá:

Assim como Yemanjá é Nossa Senhora da Conceição, São Lázaro é Omulu, basta ir às segundas-feiras para sua pequena igreja e veremos inúmeras oferendas de pipoca que é comida de Omulu; São Jorge é Oxóssi, o caçador, e a Senhora Sant'Ana é Nanã Buruku a mais velha das divindades da água.[51]

Na gravura citada, se fazem presentes as duas qualidades do deus da varíola, Omulu e Obaluayie na forma sincrética de São Roque, Obaluayie pode ser traduzido como *rei do mundo* e Omulu *o filho do senhor*. No início os anos de 1980, porém, o sincretismo perde força diante do movimento *antissincretismo* liderado por Mãe Stella de Oxóssi, a Iyalorixá escreve o manifesto contra o sincretismo:

As iás e os babalorixás da Bahia, coerentes com as posições assumidas na II Conferência Mundial da Tradição dos Orixás e Cultura, realizada durante o período de 17 a 23 de julho de 1983, nesta cidade, tornam público que depois disso ficou claro ser nossa crença uma religião e não uma seita sincretizada.[52]

Mãe Stella complementa que não se pode deixar que prevaleça no candomblé a imagem associada a folclore, seita, animismo, religião primitiva, como ocorria até então. Assinaram o documento Mãe Menininha do Gantois, Mãe Stella de Oxóssi, Tete de Iansã, Olga do Alaketo e Nicinha do Bogum. Uma segunda versão da carta foi divulgada na íntegra, já que a primeira não havia sido e sofrera exploração do seu conteúdo. A segunda carta também apresenta resoluções mais detalhadas:

Vinte e sete de julho passado deixamos pública nossa posição a respeito do fato de nossa religião não ser uma seita, uma prática animista primitiva. Consequentemente rejeita-

---

[50] SILVA, 2005, p. 74.
[51] CARYBÉ, 1976, p. 283-284.

[52] CAMPOS, Vera Felicidade de Almeida. **Mãe Stella de Oxóssi**: perfil de uma liderança religiosa. Rio de Janeiro: Jorge Zahar, 2003, p. 44.

mos o sincretismo como fruto da nossa religião, desde que ele foi criado pela escravidão à qual foram submetidos nossos antepassados.[53]

Dessa forma, pode-se concluir que a série *Das Visitações da Bahia* documenta o caminho da formação do candomblé baiano, em cuja época a ressignificação entre orixás e santos católicos era aceita pela própria liturgia do candomblé, principalmente, no caso, pelo Ilê Axé Opô Afonjá, casa da qual Carybé fazia parte.

Os trabalhos gráficos apresentados: os *Cadernos do Recôncavo*; *Festa do Bonfim*; *Festa de Yemanjá*; *Temas de Candomblé* e *Orixás*; os *croquis de Ifá* de *Mural dos Orixás* e a gravura *Visitação de Omulú e São Roque ao leito de morte de Maria Salomé na Rua das Laranjeiras, 33*, da edição *Das Visitações da Bahia*, representam, em linhas gerais, importantes aspectos da religião do candomblé. Em *Deuses Africanos no Candomblé da Bahia*, no entanto, Carybé apresenta os mitos e ritos de uma forma sistemática, organizando toda a liturgia do candomblé a partir do *xirê* propriamente dito, perpassando pela iniciação, pelas cerimônias fúnebres, pelo culto aos ancestrais, catalogando por meio da narrativa mitológica iorubá os principais aspectos do orixá em questão, acompanhado de suas insígnias, alguns fundamentos religiosos e as festas públicas. O próprio artista definiu o livro na introdução de sua segunda edição, de 1993:

Este documentário começou há quarenta e três anos, em 1950, graças ao Rubem Braga, que me apresentou ao Anísio Teixeira, que me apresentou ao Dr. Otávio Mangabeira, que me contrataram para desenhar a Bahia. Aí começou.[54]

Carybé define o trabalho como um documentário, resultado de uma pesquisa de 43 anos na versão de 1992, mas, de fato, a pesquisa perdurou 31 anos, pois a primeira edição foi em 1981. No capítulo seguinte, as aquarelas elaboradas para o livro *Os Deuses Africanos no Candomblé da Bahia* são analisadas de acordo com os conceitos desenvolvidos pelo teórico Mariano Carneiro da Cunha, sobre a estética na arte afro-brasileira.

---

[53] CAMPOS, 2003, p. 45.

[54] CARYBÉ, 1993, p. 15.

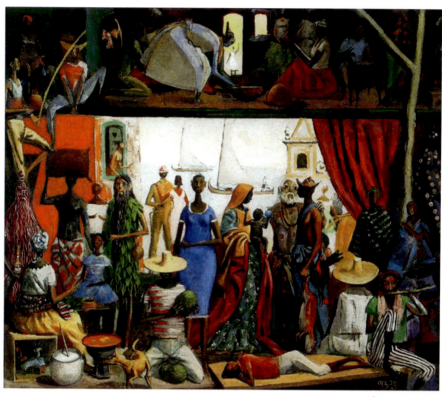

Figura 66 – *Bahia*. Carybé, 1971. Óleo sobre tela: 46 X 55 cm. Coleção Norma e Renato Martins
Fonte: Carybé, 1989

Figura 67- *Visitação de São Roque Omulú ao leito de morte de Maria Salomé na **rua** das Laranjeiras, 33*. Xilogravura. Carybé, 1974
Fonte: Carybé, 1986

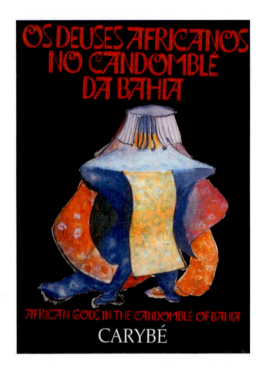

Figura 68 - Capa *Os Deuses Africanos no Candomblé da Bahia*. Carybé. Aquarela, 1980
Fonte: Os Deuses Africanos no Candomblé da Bahia, 1993

Figura 69 - *Maria Bibiana do Espírito Santo – Mãe Senhora – Oxum Miuá*. Aquarela, 1980. Carybé
Fonte: Os Deuses Africanos no Candomblé da Bahia, 1993

2

A ESTÉTICA AFRO-BRASILEIRA DE CARYBÉ

A estética de Carybé inscreve-se em uma produção simbólica oriunda do espaço temático religioso de matriz negro-africana jeje-nagô. Por meio da vertente mitológica, busca-se compreender a ritualística e insere-se no campo filosófico iorubá. Cunha[55] define arte afro-brasileira como: *Uma expressão convencionada artística que, ou desempenha função no culto dos orixás, ou trata de tema ligado ao culto* [...]. O autor propõe ainda uma divisão em quatro grupos, a saber:

- aqueles que só utilizam temas negros incidentalmente;
- os que fazem de modo sistemático e consciente;
- os que se servem não apenas de temas, mas também de soluções negras espontâneas e, não raro, inconscientes;
- os artistas rituais.

Carybé desenvolve a temática afro-brasileira de modo sistemático e consciente, Amado ilustra:

> PESQUISA É UMA PALAVRA LIMITADA E FRIA PARA DESIGNAR O RELACIONAMENTO DE CARYBÉ COM O CANDOMBLÉ BAIANO, O DOMÍNIO DA VERDADE DOS ORIXÁS E DE SEUS RITOS OBTIDOS NO PASSAR DO TEMPO COMO RESULTADO DE UMA INTIMIDADE TOTAL.[56]

A prática etnológica do artista, iniciada em meados dos anos de 1950, corroborou de forma substancial o documentário proposto sobre o candom-

---

[55] CUNHA, Mariano Carneiro da. Arte Afro-brasileira. *In:* ZANINI, Walter (org.). **História Geral no Brasil vol II**. São Paulo: Instituto Moreira Sales, 1983.

[56] AMADO, Jorge; CARYBÉ, 1993, p. 11.

blé. Discorrendo sobre o eixo temático da cultura afro-brasileira, sua estética é impregnada de um discurso de caráter manifesto entre a tradição e o novo até então. Observa-se, desse modo, uma repetição da temática religiosa ao longo de toda a sua produção artística. Segundo Cunha, o que se afirma para a arte africana é compatível em relação à arte afro-brasileira. Para uma compreensão global, a análise é dividida em dois níveis:

- Formal e técnico
- Finalidade e sentido.

2.1 FORMAL E TÉCNICO

Partindo do princípio de que uma arte só faz sentido à medida que exprime padrões

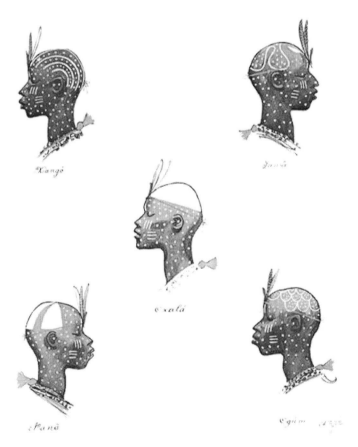

Figura 70 – Iaôs. Carybé, 1980. Aquarela
Fonte: Os deuses Africanos no candomblé da bahia

culturais, oferecendo uma visão de mundo e das ideias que a acompanham, vale salientar a presença partícipe do negro na formação cultural brasileira. Dessa forma, não seriam apenas as soluções formais apresentadas no processo de manufatura do objeto que o definiriam como arte, mas tantos outros elementos que o tornariam essencialmente um ícone.

Segundo Dewey[57], a arte é uma qualidade que impregna uma experiência e a experiência estética é sempre mais do que simplesmente estética. Um corpo de materiais e significados que não seriam estéticos, a priori, mas se torna estético quando toma um movimento ordenado e rítmico pelo humano, o humano aqui em conexão com a natureza da qual faz parte. Esse humano traduz a experiência estética como social, considerando-a uma manifestação, um registro.

A arte africana e, por conseguinte, a arte afro-brasileira em sua origem, como indica Cunha, é, sobretudo, comunitária, ao passo que a arte ocidental dá lugar ao individualismo:

> COM TODA PROBLEMÁTICA DESFAVORÁVEL À ECLOSÃO DO TALENTO NEGRO, O ESPAÇO POSSÍVEL ERAM AS CASAS DE CULTO DE MATRIZ NEGRO-AFRICANA. A ARTE PRODUZIDA, EMBORA NÃO TENHA SOFRIDO SOLUÇÃO DE CONTINUIDADE, LIMITOU-SE A FEITURA DE OBJETOS INICIÁTICOS LIGADOS AO CULTO E AO RITO.[58]

Dessa forma, o registro de Carybé e posteriormente a elaboração desse conjunto de aquarelas fazem menção a esse artista citado por Cunha. O livro *Os Deuses Africanos no Candomblé da Bahia* apresenta-se em 128 aquarelas, executadas entre 1950 e 1980, com textos de Waldeloir Rego e de Pierre Fatumbi Verger, introdução de Jorge Amado, e edição gráfica de Emanoel Araújo.

A aquarela é uma técnica de pintura na qual os pigmentos se encontram suspensos ou dissolvidos em água, tendo extensa gama de suportes, embora o mais comum seja o papel com elevada gramagem. O papel integra a obra de arte, seja no desenho, seja na aquarela, como cita Azevedo, "o desenho tem acompanhado a história do homem a mais tempo

---

[57] DEWEY, John. **Arte como Experiência**. São Paulo: Martins Fontes, 2010.

[58] CUNHA, 1983, p. 1022.

do que a escrita"[59]. Encontramos sociedades ágrafas, mas não sociedades sem registro de imagens. Carybé comenta na introdução do livro:

> POIS É, COMEÇOU COM GRANDES VIAGENS DE BONDE, CABULA, RIO VERMELHO, LIBERDADE, BOM GOSTO, FEDERAÇÃO... VIAGENS QUE ERAM AUDIOVISUAIS VIVOS, JANELAS, QUINTAIS, CACIMBAS OU BARROCAS DE TERRA RUBRA ONDE A VIDA CORRIA A PLENO SOL OU À LUZ DOS FIFÓS E DA LUA. O CÉU VESTIDO DE ARRAIAS DE DIA E DE NOITE DE FOGUETES ANUNCIANDO A CHEGADA DOS ORIXÁS.[60]

A concepção do livro *Os Deuses Africanos no Candomblé da Bahia* é elaborada a partir de um extenso caderno de campo, exclusivamente com desenhos de memória, captados por meio das incursões de Carybé pelos candomblés baianos. Em seu artigo, Silva[61] analisa esse livro com base no *xirê* dos orixás: "*Xirê* é uma estrutura sequencial de louvação (com cantigas e rezas) dos orixás cultuados em num terreiro ou mesmo numa "nação" (modelo de rito), indo de Exu a Oxalá". O livro apresentaria, em um primeiro momento, a estrutura litúrgica de uma cerimônia do candomblé queto. A proposta, no entanto, vai além: apresenta de forma sistemática a sequência iniciática, ou seja, do nascimento simbólico ao culto fúnebre, incluindo o culto aos ancestrais.

Baseando-se no *xirê*, o livro pode ser dividido em quatro sessões:

- Iniciação
- Xirê
- Axexê
- Culto aos ancestrais.

2.1.1 INICIAÇÃO

O livro apresenta em toda a sua extensão, de forma didática, o caminho do iniciado. Procura catalogar a importância da música para a religião, os fundamentos religiosos mais relevantes e o nascimento simbólico por meio da feitura do orixá. Sua maior parte é dedicada ao *xirê* dos orixás; encerrando com ritos fúnebres e o culto aos ancestrais. A primeira sequência de aquarelas apresenta os principais instrumentos musicais e os

---

[59] AZEVEDO, Elizabeth. **O papel na arte brasileira do século XX**. São Paulo: DBA, 2010 p. 43.
[60] CARYBÉ, 1993, p. 15.
[61] SILVA, Vagner Gonçalves da. Artes do axé. O sagrado afro-brasileiro na obra de Carybé. **Ponto Urbe**: Revista Eletrônica do NAU-USP, n. 10, 2012.

seus tocadores, os *alabês*. Os instrumentos são:

- Atabaques: rum, pi e lê
- Agogô
- Xekerê

Silva[62] comenta que *"a música é fundamental nessa religião"*. A música faz a intermediação entre os homens e os deuses porque os orixás incorporam em seus filhos para dançar e distribuir o seu axé. Em um segundo momento, Carybé descreveu uma saída de *laô*, o iniciado. A sequência compreende 11 aquarelas:

> POIS É, COMEÇOU COM GRANDES VIAGENS DE BONDE, CABULA, RIO VERMELHO, LIBERDADE, BOM GOSTO, FEDERAÇÃO... VIAGENS QUE ERAM AUDIOVISUAIS VIVOS, JANELAS, QUINTAIS, CACIMBAS OU BARROCAS DE TERRA RUBRA ONDE A VIDA CORRIA A PLENO SOL OU À LUZ DOS FIFÓS E DA LUA. O CÉU VESTIDO DE ARRAIAS DE DIA E DE NOITE DE FOGUETES ANUNCIANDO A CHEGADA DOS ORIXÁS.[63]

A festa pública de uma iniciação é chamada de saída de santo e Carybé representa quatro momentos segundo o candomblé baiano:

- saída de Oxalá, ou saída de branco;
- saída de nação, ou saída estampada;
- saída de ekodidé, ou a saída do nome;
- saída de "gala", ou saída do rum ou saída rica.

Para Silva, Carybé decodifica o processo de iniciação desde o princípio, dando ênfase em sua elaboração, afirmando dessa maneira a identidade religiosa do indivíduo e do grupo ao qual pertence.

2.1.2 XIRÊ

No desenvolvimento do tema orixás, Carybé buscou retratá-los enfatizando os aspectos de sua identidade mítica.[64]

A sessão dedicada ao *xirê* dos orixás compreende uma série de 102 aquarelas, representando os orixás na ordem em que eles são saudados no xirê, a saber:

Exu

Ogum

Oxóssi

Logum Edé

Ibualama

---

[62] SILVA, 2012, p. 25.
[63] *Ibidem*.
[64] SILVA, 2012, p. 29.

Otin
Iyami
Omolu
Ossaim
Iroco
Tempo
Oxumaré
Xangô
Axobô
Nanã
Ibeji

Iansã
Oxum
Obá
Ewa
Iemanjá
Ifá
Oxalá.

Para cada orixá citado, a sequência de aquarelas segue a seguinte ordem: mito, orixá, ferramentas e ritos.

Figura 71 – Alabês. Aquarela, 1980. Carybé
Fonte: Os Deuses Africanos no Candomblé da Bahia, 1993

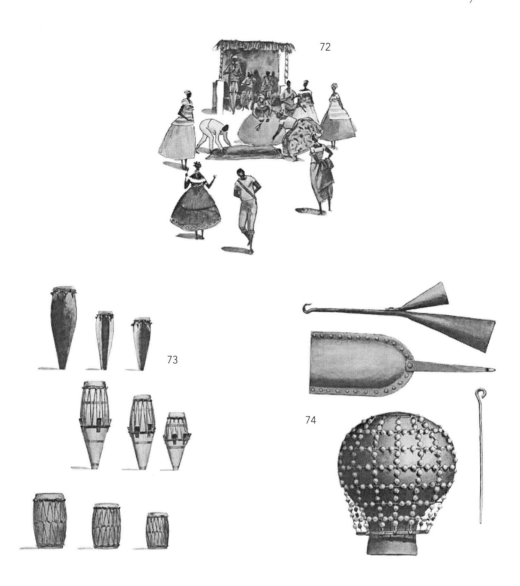

Figura 72 – Bolar. Aquarela, 1980. Carybé
Fonte: Os Deuses Africanos no Candomblé da Bahia, 1993

Figura 73 – Instrumentos Musicais do Candomblé I. Aquarela, 1980. Carybé
Fonte: Os Deuses Africanos no Candomblé da Bahia, 1993

Figura 74 – Instrumentos Musicais do Candomblé II. Aquarela, 1980. Carybé
Fonte: Os Deuses Africanos no Candomblé da Bahia, 1993

Figura 75 - *Erê do Candomblé de Rufino*. Aquarela, 1980. Carybé
Fonte: Os Deuses Africanos no Candomblé da Bahia, 1993

Figura 76 – Ogum. Aquarela, 1980
Fonte: Os Deuses Africanos no Candomblé da Bahia, 1993

Figura 77 – Iyamí Oshorongá. Aquarela, 1980
Fonte: Os Deuses Africanos no Candomblé da Bahia, 1993

Figura 78 - Omulu Aquarela, 1980
Fonte: Os Deuses Africanos no Candomblé da Bahia, 1993

Figura 79 – Ossaim. Aquarela, 1980
Fonte: Os Deuses Africanos no Candomblé da Bahia, 1993

Figura 80– *Oxumarê*. Aquarela, 1980
Fonte: Os Deuses Africanos no Candomblé da Bahia, 1993

Figura 81 – *Irôco*. Aquarela, 1980
Fonte: Os Deuses Africanos no Candomblé da Bahia, 1993
Figura 82 – Oxumarê. Aquarela, 1980
Fonte: Os Deuse Africanos no Candomblé da Bahia, 1993
Figura 83 – *Ibêjis*. Aquarela, 1980
Fonte: Os Deuses Africanos no Candomblé da Bahia, 1993
Figura 84 – *Iansã*. Aquarela, 1980
Fonte: Os Deuses Africanos no Candomblé da Bahia, 1993
Figura 85 – Oxum. Aquarela, 1980
Fonte: Os Deuses Africanos no Candomblé da Bahia, 1993
Figura 86 – Obá. Aquarela, 1980
Fonte: Os Deuses Africanos no Candomblé da Bahia, 1993

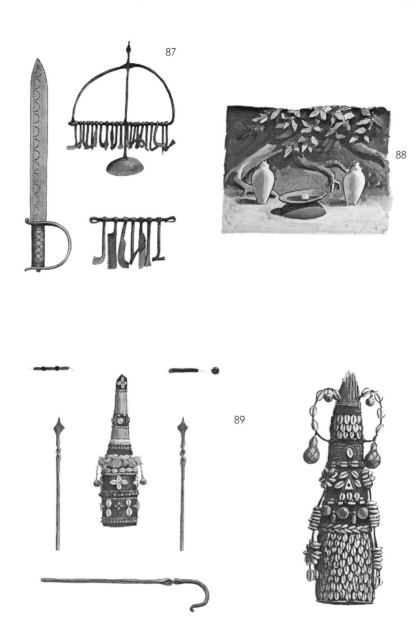

Figura 87 – *Ferramentas de Ogum*. Aquarela, 1980
Fonte: Os Deuses Africanos no Candomblé da Bahia, 1993
Figura 88 – *Assentamento de Iyami Oxorongá*. Aquarela, 1980
Fonte: Os Deuses Africanos no Candomblé da Bahia, 1993
Figura 89 – *Ferramentas de Omulú: Xaxará*. Aquarela, 1980
Fonte: Os Deuses Africanos no Candomblé da Bahia, 1993

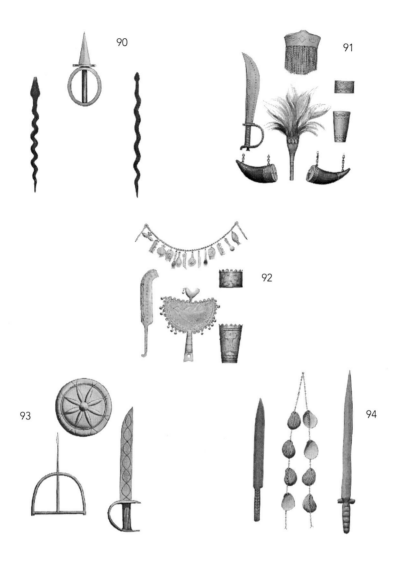

Figura 90 - *Ferramentas de Oxumarê*. Aquarela, 1980
Fonte: Os Deuses Africanos no Candomblé da Bahia, 1993
Figura 91 – *Ferramentas de Iansã*, Aquarela, 1980
Fonte: Os Deuses Africanos no Candomblé da Bahia, 1993
Figura 92 – *Ferramentas de Oxum*. Aquarela, 1980
Fonte: Os Deuses Africanos no Candomblé da Bahia, 1993
Figura 93– *Ferramentas de Oxum*. Aquarela, 1980
Fonte: Os Deuses Africanos no Candomblé da Bahia, 1993
Figura 94 – *Ferramentas de Ifá*. Aquarela, 1980
Fonte: Os Deuses Africanos no Candomblé da Bahia, 1993

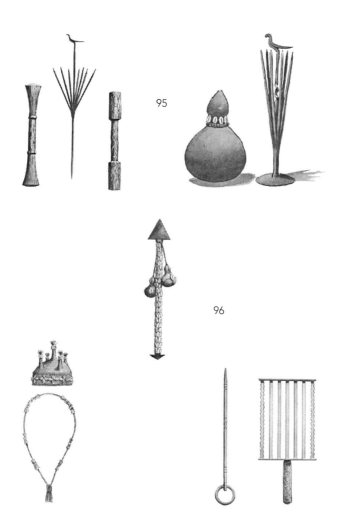

Figura 95 – *Ferramentas de Ossaim*. Aquarela, 1980
Fonte: Os Deuses Africanos no Candomblé da Bahia, 1993
Figura 96 – *Ferramentas de Iroco*. Aquarela, 1980
Fonte: Os Deuses Africanos no Candomblé da Bahia, 1993

2.1.3 SEIS MODELOS DA APRESENTAÇÃO DO LIVRO

Livro de rara beleza: "Iconografia dos Deuses Africanos no Candomblé da Bahia" é, ao mesmo tempo, documentário completo, de extrema precisão, sobre o candomblé. Longa e profunda pesquisa, extraordinária recriação artística, sua existência significa a preservação de aspectos dos mais representativos da memória do povo brasileiro.[65]

A fim de exemplificar o modelo de apresentação do livro, a apresentação de seis orixás foi salientada. São eles:

- Exu
- Oxóssi
- Nanã
- Xangô
- Yemanjá
- Oxalá.

2.1.3.1 EXU

Exu come tudo que a boca come, bebe cachaça, é um cavalheiro andante e um menino reinador. Gosta de Balburdia, senhor dos caminhos, mensageiro dos deuses, correio dos Orixás.[66]

Da mesma maneira como é realizado no *xirê*, Exu é o primeiro orixá a ser apresentado na segunda parte do livro. Uma sequência é observada ao longo de todo capítulo: a narração de um dos mitos do orixá; sua saudação; cores de suas contas; comidas; dia da semana; suas vestimentas; ferramentas; e pelo menos um dos ritos dedicados a ele.

MITO

O mito que Carybé[67] apresenta para Exu ilustra bem o seu caráter ambíguo. Conta-se que um rei havia deixado de lado a rainha por outra esposa, situação em que Exu encontrou oportunidade de se divertir. Procurou a rainha dizendo: *se, com esta faca, você cortar alguns fios da barba de seu marido, ele voltará para você.* Em seguida, foi avisar o rei e disse: *tome muito cuidado porque ouvi dizer que sua mulher planeja matá-lo.* Procurou também o príncipe e disse: *seu pai quer que o exército parta na calada da noite para a guerra.*

---

[65] AMADO, Jorge; CARYBÉ, 2006, p. 11.

[66] AMADO, Jorge; CARYBÉ, 1979, p. 22.
[67] CARYBÉ, 1993, p. 34.

Ao anoitecer, a rainha foi aos aposentos do rei com a faca dada por Exu para cortar alguns fios de sua barba. Quando a lâmina tocou o pescoço do rei, ele começou a gritar. Com a barulheira infernal, o príncipe entrou nos aposentos com os soldados. Pensando ser um complô, o rei chamou sua guarda e a confusão estava instalada. Exu, montado em uma viga, divertia-se com o acontecido.

Verger considera Exu um orixá de múltiplos e contraditórios aspectos, tornando difícil classificá-lo de uma maneira coerente. *"De caráter irascível, ele gosta de suscitar dissensões e disputas, de provocar acidentes e calamidades públicas e privadas"*.[68] Exu, no entanto, pode ser considerado o mais humano dos orixás: nem bom nem mau completamente. Se for tratado com consideração, ele se torna um amigo prestativo.

Exu protege os espaços sagrados, as casas, as cidades e as pessoas. Por intermédio dele, todos os pedidos chegam aos pés do deus supremo, *Olorum*. Por esse motivo, Exu deve sempre ser o primeiro a ser saudado. Nada pode se realizar sem que as oferendas lhe sejam dedicadas.

Ferramentas: ogó e tridentes.

Rito: Ipadê.(explicado anteriormente)

Saudação:Laroyiê

O autor explica que o Ipadê é a primeira cerimônia antes de qualquer festejo ou obrigação, por meio da *Iyá Moro*, da *Ajimuda* e dos decantos da roda.

---

[68] VERGER, 2002, p. 76.

Figura 97 – Exú. Aquarela, 1980
Fonte: Deuses Africanos no Candomblé da Bahia, 1993.
Figura 98 – Padê. Aquarela, 1980
Fonte: Deuses Africanos no Candomblé da Bahia, 1993.
Figura 99 - *Pejí e obrigação de Exu. Candomblé de Olga do Alaketu*. Aquarela, 1980
Fonte: Deuses Africanos no Candomblé da Bahia, 1993.

2.1.3.2 OXÓSSI

Oxóssi, rei de Ketu, meu pai e pai do mestre Carybé, de Genaro de Carvalho e de Camafeu de Oxóssi [...] Deus da caça, das úmidas florestas, com o ofá (Arco-e-flecha), abate os javalis, as feras, é o invencível caçador.[69]

Segundo Verger[70], Oxóssi, o deus da caça, possui quatro aspectos importantes no panteão iorubá:

O primeiro é de ordem material: ele protege os caçadores, facilitando as expedições pelo interior das florestas, fazendo com que realizem uma boa caçada.

O segundo é de ordem médica: está ligado ao contato com o orixá Ossaim, divindade das folhas. Como os caçadores passam grande parte do dia na floresta, aprendem com esse orixá os saberes terapêuticos presentes na flora.

O terceiro é de ordem social: um caçador durante suas caminhadas descobre os lugares favoráveis à instalação de uma plantação ou mesmo de uma nova vila, tornando-se, desse modo, *Onìlé*, o senhor da terra.

O quarto é de ordem policial e administrativa: apenas os caçadores possuíam armas, servindo, portanto, de guardiões também.

MITO

Carybé[71] narra o mito relacionado à colheita dos inhames. No momento em que o rei comemorava a colheita tocando tambores e a população comia os novos inhames, celebrando, dançando e bebendo vinho de palma, um pássaro gigante pousou na cumeeira do palácio e escondeu a luz do sol.

Na tentativa de exterminar o pássaro, foram chamados vários caçadores: o caçador das 20 flechas; o caçador das 40 flechas; e o caçador das 50 flechas. Nenhum conseguiu matar o pássaro.

Então chamaram o "caçador de uma flecha só" *Oxotokanxoxô*, nome do qual deriva Oxóssi, que, por intermédio de sua mãe, que havia se consultado com o babalawô, fez uma oferenda às Oxorongá. A oferenda consistia em sacrificar uma galinha com o peito aberto e gritar três vezes: que o peito do pássaro aceite esta oferenda.

---

[69] AMADO, Jorge. Carybé. *Ibid.*, 1979, p. 26.
[70] VERGER, 2002, p. 112.
[71] CARYBÉ, 1979, p. 46.

A flecha de Oxóssi matou o pássaro e Oxóssi se tornou o novo rei.

O culto de Oxóssi é bastante difundido no Brasil e em Cuba, mas na África está quase extinto.

FERRAMENTAS:

Oxóssi carrega suas ferramentas em sua dança: o *ofá* — arco e flecha; e o *erukerê* — uma insígnia de dignidade dos reis da África. Lembrando que Oxóssi foi o rei de Queto. Sua dança revive a perseguição de uma caça na floresta.

RITOS:

Carybé retrata a simulação de uma caça para a matança de um porco para Oxóssi.

Saudação: Okê Arô!

Figura 100 – Otin Orixá Caçador. Aquarela, 1980
Fonte: Deuses Africanos no Candomblé da Bahia, 1993
Figura 101 – Ferramentas de Oxóssi. Aquarela, 1980
Fonte: Os Deuses Africanos no Candomblé da Bahia, 1993
Figura 102 – *Orô (abate litúrgico) para Oxóssi no Opô Afonjá*. Aquarela, 1980
Fonte: Deuses Africanos no Candomblé da Bahia, 1993

2.1.3.3 NANÃ

Nanan Buruku é mulher de Oxalá [...] Gosta de conquém, de caruru sem azeite, veste azul e branco. Saudação: Salubá, Nanan Buruku é a mais velha deusa das águas.[72]

Verger[73] define Nanã como uma divindade muito antiga, seu culto abrange uma vasta área e assume diferentes denominações nas diversas regiões onde a sua adoração é encontrada. Como exemplo há as regiões da atual Gana, Dassa, Zumê, Abomey, Dumé, Tchetti, Bobé, Lugbá, Banté, Dijagbala, Kpesi e Atakpamê.

O termo Nanã é empregado na região *Ashanti* para as pessoas idosas, e designa "mãe" entre os *fon, ewe* e os *guang*. No Brasil e na santeria cubana, Nanã é conhecida como a mãe de Obaluayê, o deus da varíola. É considerada a mais velha das entidades das águas, seu domínio são as águas paradas dos lagos e pântanos.

MITO

O mito narrado no livro por Carybé[74] relata a disputa entre Nanã e Ogum, o deus ferreiro. Um claro embate entre o longo período de matriarcado, representado pela velha deusa, e o surgimento do patriarcado, o início da idade do ferro.

Em uma determinada ocasião, Ogum, deus do ferro, das estradas e das novas tecnologias, estava em uma reunião com os *Imalés*, em que se falou muito sobre Obatalá, que criou os homens; Orumilá, que criou o destino dos seres humanos, sobre Exu, o importante mensageiro; e como não pudesse deixar de ser, também sobre Ogum. Disseram que Ogum era o mais importante de todos, dono dos ferros e metais, materiais utilizados na manufatura de ferramentas para o plantio e para as guerras. Todos o reverenciaram, exceto Nanã Buruku.

Ela desafiou a todos e se comprometeu a provar que não precisava dos metais. Utilizou as madeiras da floresta para fazer escavadeiras, para semear e cavar; flechas de caniço e osso para guerrear; lanças de bambu; clavas; panelas de barro, elemento de Nanã; e escudos de couro de animais.

Por esse motivo, nos rituais realizados para Nanã não se usam objetos de metal.

---

[72] AMADO, Jorge. Carybé. *Ibid.*, 1979, p. 30.
[73] VERGER, 2002.
[74] CARYBÉ, 1993.

Sua ferramenta é o *ibiri*. "Seus adeptos dançam com a dignidade que convém a uma senhora idosa e respeitável"[75].

Rito: os movimentos lentos da dança de Nanã lembram o difícil andar de uma pessoa muito idosa, seus filhos de santo apoiam-se em um bastão imaginário, curvados para a frente, parecendo puxar para si.

Saudação: Saluba!

---
[75] VERGER, 2002, p. 240.

Figura 103 – Nanã Burukú. Opô Afonjá. Aquarela, 1980
Fonte: Deuses Africanos no Candomblé da Bahia, 1993
Figura 104 – Ferramentas de Nanã Burukú Opô Afonjá. Aquarela, 1980
Fonte: Deuses Africanos no Candomblé da Bahia, 1993

2.1.3.4 XANGÔ

Xangô é um dos Orixás mais populares, deus do raio, do fogo, do trovão. Foi o terceiro rei de Oyó.[76]

Para Verger[77], da mesma forma como ocorre com os demais orixás, Xangô pode ser descrito de duas maneiras: o aspecto histórico e divino. Historicamente, Xangô foi o terceiro *alafin* de *Oyó*. Era filho de Oranian e Torosi, a filha de Elempê. Quando criança, Xangô permaneceu no país de sua mãe, transferindo-se mais tarde para Kossô, onde não teria sido aceito pela população em virtude de seu temperamento violento. Por fim, dirigiu-se para a região de Oyó, estabelecendo-se em um lugar que nomeou de Kossô, motivo pelo qual o título *Obá Kossô*, ou seja, rei de Kossô, permaneceu em seus *Orikis*.

O culto dedicado a Xangô é muito difundido no Novo Mundo, a ponto de seu nome servir para designar um culto de matriz africana praticado no estado de Pernambuco. Em relação ao seu aspecto divinizado, o deus do fogo, é descendente de Oranian, porém sua mãe seria Yamasê, possuindo três divindades como esposas: Oyá, Oxum e Obá.

MITO

Para Xangô, Carybé[78] traz o seguinte *Itan*:

Xangô guardava o seu segredo em uma capanga: falar colocando fogo pela boca e suas pedras de raio. Ao precisar viajar, pediu para sua esposa Oyá que tomasse conta de seu *labá* e não deixasse alguém se aproximar.

Oyá, não se contendo de curiosidade, abriu a capanga.

Em seu retorno, Xangô, admirado, presenciou seus ministros botando fogo pela boca ao falarem; ao interrogar Oyá, uma imensa labareda o respondeu.

O símbolo de Xangô é o *Oxé*, um machado duplo que seus adeptos carregam nas mãos na hora do transe, executando uma dança vigorosa para mostrar o seu poder.

Seus fiéis usam colares de contas vermelhas e brancas, consagram-no na quarta-feira.

Saudação: *Kawò Kabiyésílé* — Venha ver o rei sobre a terra!

---

[76] AMADO, Jorge; CARYBÉ. *Ibid.*, 1979, p. 42.
[77] VERGER, Pierre Fatumbi. *Ibid.*, 2004.
[78] CARYBÉ, 1993.

Figura 105– Xangô. Opô Afonjá. Aquarela, 1980
Fonte: Deuses Africanos no Candomblé da Bahia, 1993

Figura 106 – Ferramentas de Xangô – Oxés. Aquarela, 1980
Fonte: Deuses Africanos no Candomblé da Bahia, 1993
Figura 107 – Xéres. Aquarela, 1980
Fonte: Deuses Africanos no Candomblé da Bahia, 1993
Figura 108 – Ajerê- ritual para Xangô Opó Afonjá. Aquarela, 1980
Fonte: Deuses Africanos no Candomblé da Bahia, 1993
Figura 109 – Fogueira de Xangô Opó Afonjá. Aquarela, 1980
Fonte: Deuses Africanos no Candomblé da Bahia, 1993

2.1.3.5 YEMANJÁ

Dona das águas, esposa de Oxalá, mãe de todos os orixás. Veste azul. Pedras do mar e conchas são seus símbolos.[79]

Verger define Yemanjá como mãe cujos filhos são peixes; ela seria filha de Olokun, senhora das águas profundas. É uma das divindades mais populares, tanto no Brasil como em Cuba. Em Salvador, no dia 2 de fevereiro se celebra o dia de Yemanjá, uma verdadeira multidão de fiéis e simpatizantes vai à praia do Rio Vermelho levar presentes de toda sorte para a rainha do mar.

MITO

Yemanjá, a rainha do mar e filha de Olukun, é descrita por Carybé[80] pelo seguinte mito:

Casou-se com Olofin-Oduduwa e teve dez filhos, todos orixás; em consequência da amamentação, seus seios tornaram-se volumosos.

Cansada de viver em Ifé, fugiu para a região oeste e casou-se então com o rei Okerê de Xaki, entretanto, impôs uma condição: ele nunca poderia ridicularizar o tamanho avantajado de seus seios.

Um dia, embriagado pelo vinho de palma, o rei disse a Yemanjá que seus seios eram enormes. Foi o motivo para que ela fugisse.

Yemanjá levava consigo um preparado mágico, dado por sua mãe, Olokun, que deveria ser quebrado caso ela corresse algum perigo. Nessa empreitada, Yemanjá tropeçou e quebrou a garrafa; nesse local nasceu um rio que, como todos, correu para o mar.

Yemanjá usa contas transparentes. Sua ferramenta é o *abebé* prateado, sendo prata também o seu elemento.

Rito: festa de Yemanjá no bairro do Rio Vermelho, Salvador - BA

Saudação: *Odoyá!* — Mãe cujo os filhos são peixes!

---

[79] AMADO Jorge, CARYBÉ, *Ibid.*, 1979, p. 54.
[80] CARYBÉ, 1993.

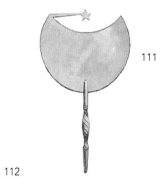

Figura 110 – Iemanjá Opó Afonjá. Aquarela, 1980
Fonte: Deuses Africanos no Candomblé da Bahia, 1993

Figura 111 – Ferramenta de Iemanjá. Abebé Opó Afonjá. Aquarela, 1980
Fonte: Deuses Africanos no Candomblé da Bahia, 1993

Figura 112 – Festa de Iemanjá no bairro do rio Vermelho. Aquarela, 1980
Fonte: Deuses Africanos no Candomblé da Bahia, 1993

2.1.3.6 OXALÁ

Oxalá, o maior dos Orixás divide-se em dois. Velho é Oxalufan. Moço é Oxaguian. Quando ele desce como Oxalufan vem apoiado no paxorô, uma espécie de bengala ou bordão de metal, por vezes belíssimo. Usa abebé de prata.[81]

Oxalá também pode ser chamado de Orinsalá ou Obatalá e, segundo Verger[82], ocupa um lugar único, o mais importante e elevado dos deuses iorubás, também no Brasil. Oxalufã seria sua forma velha e sábia, cujo templo é em Ifón. Em contrapartida, sua forma Oxaguiã é jovem e guerreira e o principal templo está em Ejigbô.

MITO

Para Oxalá, Carybé[83] reconta o *itan* seguinte:

Oxalá veste sua roupa imaculada e decide visitar o filho Xangô. Durante a viagem, encontrou, em primeiro lugar, um velho que não podia levantar uma cabaça de azeite de dendê. No momento em que Oxalá tentou ajudá-lo, a cabaça virou, sujando toda a sua roupa. Seguindo seu caminho, mais adiante, Oxalá encontrou outro velho, que carregava uma cesta de carvão. O velho tropeçou e virou a cesta em cima de Oxalá. Na verdade, os dois velhos eram Exu disfarçado.

Continuando sua viagem e com a roupa imunda, Oxalá avistou o cavalo de Xangô, que ele mesmo havia presenteado, mas o cavalo não o reconheceu e não o deixou montar. Diante do tumulto, chegaram os guardas do rei e, sem pedir mais explicações, o jogaram em um calabouço.

A partir do acontecido, o reino de Xangô passou a sofrer enchentes, epidemias, tempestades, secas.

Xangô resolveu consultar o babalawô e Ifá respondeu que os fatos eram em decorrência da prisão de um inocente. Quando Xangô viu que era Oxalá, ordenou que se realizasse uma grande festa e que todos trouxessem água para lavá-lo.

Rito: o ritual anteriormente descrito é revivido nas águas de Oxalá.

Verger[84] considera o grande respeito que Oxalá inspira em seus adeptos, chamando a atenção para o momento da dança de Oxalufã, ritual que geralmente encerra o *xirê*. Completa que, não raro, todas as pessoas se deixam tomar pelo

---

[81] AMADO, Jorge. Carybé. *Ibid.*, 1979, p. 56.
[82] VERGER, 2002, p. 252.
[83] CARYBÉ, 1993.
[84] VERGER, 2002, p. 262.

ritmo, dançam e se agitam em seus lugares, representando a grande comunhão com o maior dos orixás.

Ferramentas: Opaxôro – Oxalufã e Pilão e escudo de Prata – Oxaguiã.

Saudação: *Epa Babá!*

113

114

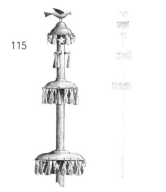

115

116

Figura 113 – Oxalufã. Opô Afonjá. Aquarela, 1980
Fonte: Deuses Africanos no Candomblé da Bahia, 1993
Figura 114 – Oxanguiã de Tia Massi, Iyalorixá do Candomblé do Engenho Velho. Aquarela, 1980
Fonte: Deuses Africanos no Candomblé da Bahia, 1993
Figura 115 – Ferramenta de Oxalufã – Paxôro. Aquarela, 1980
Fonte: Deuses Africanos no Candomblé da Bahia, 1993
Figura 116 – Ferramenta de Oxanguiã. Aquarela, 1980
Fonte: Deuses Africanos no Candomblé da Bahia, 1993

AXEXÊ

2.1.4 AXEXÊ

As dez últimas aquarelas do livro tratam de dois temas: a morte e o culto aos ancestrais. "No candomblé acredita-se que após a morte de um iniciado é preciso separar aquilo que a iniciação uniu, ou seja, 'libertar' o orixá do ori, agora sem vida, no qual ele foi assentado".[85]

Silva[86] explica que o rito fúnebre, chamado Axexê, utiliza-se de ritos, sacrifícios, cânticos, danças e rezas para estabelecer a separação entre o espírito do morto e o mundo dos vivos. Caso esse morto tenha uma posição de destaque ou forte contribuição para a comunidade, ele poderá ser cultuado como um *egungun*.

2.1.5 CULTO AOS ANCESTRAIS

Nesse sentido, Iconografia convida-nos a acompanhar o processo de inserção e desligamento dos adeptos da religião utilizando o xirê como princípio organizador e também os matizes das cores do candomblé em sua dimensão simbólica.[87]

Na última parte, o livro faz menção ao culto aos ancestrais, uma das vertentes do culto de matriz africana. Representa os *egungun* com suas cores e paramentos. Silva[88] salienta que cultuando os ancestrais em um processo de invocação das pessoas que tiveram um papel importante no sacerdócio, faz com que esses ancestrais possam manifestar-se para dançar entre os seus e, desse modo, mostrar o caráter cíclico do sistema de crença. Observa-se também que a primeira aquarela é dedicada à memória de Mãe Senhora, uma ancestral divinizada, Iyalorixá de Carybé. Portanto, apesar de evocar todo o processo iniciático, o livro começa e termina com referências aos ancestrais.

---

[85] SILVA, Vagner Gonçalves da. *Ibid.*, 2012, p. 37.
[86] SILVA, Vagner Gonçalves da. *Ibid.*, 2012.
[87] SILVA, Vagner Gonçalves da. *Ibid.*, 2006, p. 39.
[88] **Vagner Gonçalves da** Silva, Artes do axé. O sagrado afro-brasileiro na obra de Carybé, *Ponto Urbe* [Online] 10 | 2012.

Figura 117 - Desfiando a palma de dendê para fazer mariwô. Aquarela, 1980
Fonte: Os Deuses Africanos no Candomblé da Bahia, 1993
Figura 118 - Marcando com pemba para proteção num funeral. Aquarela, 1980
Fonte: Os Deuses Africanos no Candomblé da Bahia, 1993
Figura 119 - Começam os toques nos purrões e cabaças. Ciriaco. Aquarela, 1980
Fonte: Os Deuses Africanos no Candomblé da Bahia, 1993
Figura 120 – Axexê ketu Opô Afonjá. Aquarela, 1980
Fonte: Os Deuses Africanos no Candomblé da Bahia, 1993

Figura 121 – Babá Egum, Ponta de Areia – Itaparica. Aquarela, 1980
Fonte: Os Deuses Africanos no Candomblé da Bahia, 1993
Figura 122 – Festa de Inicação de uma Iansã Ibale. Opô Afonjá
Fonte: Os Deuses Africanos no Candomblé da Bahia, 1993

2.1.6 TEXTOS

O livro traz a apresentação de Antônio Carlos Magalhães; introdução de Jorge Amado; comentários do próprio Carybé, na abertura e ao longo de todo livro; e duas importantes partes escritas por Waldeloir Rêgo e Pierre Fatumbi Verger.

2.1.6.1 MITOS E RITOS AFRICANOS DA BAHIA

Rêgo[89] discorre, em primeiro lugar, sobre o processo da diáspora africana com o título "A vinda dos escravos". Em seguida trata da cosmogonia, ilustrando por meio dos *odus* de Ifá, e percorre os principais ritos do adepto, inclusive os fúnebres e o culto aos ancestrais.

[89] REGÔ, 1993, p. 183.

Figura 123 – Carybé. Ritual para Omulu Ajaxé. Candomblé de Pai Cosme. Aquarela, 1980
Fonte: CARYBÉ, Os Deuses Africanos no Candomblé da Bahia, 1993

Figura 124 – Carybé. Pai Cosme cantando as folhas. Aquarela, 1980
Fonte: CARYBÉ, Os Deuses Africanos no Candomblé da Bahia, 1993

2.1.6.2 ORIXÁS DA BAHIA

No texto Orixás da Bahia, Verger[90] também pondera sobre o tráfico de escravizados para a América; analisa o sincretismo e as primeiras casas de candomblé de Salvador; e procura estabelecer as relações Bahia-África nos cultos de matriz africana. Também comenta sobre a iniciação, volta à questão das casas de candomblé e, por fim, aprofunda a apresentação dos orixás:

- Exu
- Ogum
- Oxóssi
- Inlé e Ibualama
- Logun Edé
- Ossaim
- Xangô
- Oyá
- Oxum
- Obá
- Yemanjá
- Oxumaré
- Obaluayé, Omolu e Xapanan
- Nanã Buruku
- Oxalá, Obatalá.

2.2 FINALIDADE E SENTIDO

O livro *Os Deuses Africanos no Candomblé da Bahia* foi editado em 1980, uma década marcada fortemente por questões fundamentais na solidificação das políticas afirmativas

---
[90] VERGER, 1993, p. 203.

para o movimento negro, no que se incluíam as religiões de matriz africana. Em virtude das vésperas da comemoração do centenário da abolição (1988), o movimento afro-brasileiro ganha força nos anos de 1980. Santos complementa:

Os movimentos negros organizados daquele período – MNU, Movimento Negro Unificado, e UNEGRO, União de Negros pela igualdade, fundados respectivamente em 1978 e 1988 – estavam de olho em três frentes que poderiam fortalecer a visibilidade do segmento. 1988 foi não só o ano do centenário da Abolição, mas ano da Assembleia Constituinte e também ano em que a ONU criou o Comitê Especial contra o Apartheid que condenava e pedia sanções contra o governo da África do Sul.[91]

No mesmo ano, o dia 13 de maio passa efetivamente a ser um dia de protestos e não de comemorações, mobilizando questionamentos, ideias e discussões; esse movimento mais tarde elege o dia 20 de novembro como Dia da Consciência Negra. Nesse período, o movimento negro se faz presente na Constituinte, em busca da garantia de seus direitos de cidadania. Portanto, a partir de 1988, por meio da luta pela inserção e visibilidade, o movimento negro vê uma série de reivindicações transformarem-se em realidade.

Um pouco anteriormente, em 1983, Mãe Stella de Oxóssi, Iyalorixá do Ilê Axé Opô Afonjá, lidera o movimento antissincretismo — evento citado no Capítulo I —, por meio de um manifesto antissincretismo, assinado por importantes sacerdotes e sacerdotisas do candomblé da Bahia, com isso se procurava quebrar o vínculo com a Igreja Católica, propondo então um retorno à África mítica ou à pureza africana. Empreende também uma verdadeira cruzada no combate ao sincretismo religioso no candomblé e questiona o culto aos santos católicos e o culto aos caboclos.

Ferretti[92] aborda o sincretismo religioso afro-brasileiro por meio de suas perspectivas teóricas. O autor sistematiza historicamente cinco correntes ou fases da discussão sobre o sincretismo afro-brasileiro:

---

[91] SANTOS, Sandra. Panorama das lutas do negro no Brasil. *In*: SILVA, Dilma de Melo (org.). **Brasil, sua gente, sua cultura**. São Paulo: Terceira Margem, 2007, p. 63.

[92] FERRETTI, Sérgio Figueiredo. **Repensando o sincretismo**. São Paulo: EDUSP, 1995.

1. Teoria evolucionista, com Nina Rodrigues
2. Teoria culturalista, com Arthur Ramos e seguidores, passando por Herskovits
3. Explicações sociológicas, com Roger Bastide e seguidores
4. Análise do mito da pureza africana, desenvolvido nas décadas de 1970 e 1980
5. Pesquisadores atuais, a partir da década de 1980.

A quarta linha teórica sobre o sincretismo discute a hegemonia iorubá ou predomínio dos candomblés jeje-nagô e analisa o mito da pureza africana. O processo de iorubanização é considerado por alguns pesquisadores como construções de intelectuais; outros ainda abordam esse processo como africanização, reafricanização e dessincretização.

Figura 125 – Carybé. Pai Cosme oferecendo pombos brancos para Oxaguiã. Aquarela, 1980
Fonte: CARYBÉ, Os Deuses Africanos no Candomblé da Bahia, 1993

Figura 126 - Carybé Acarajé de Iansã. Engenho Velho. Aquarela, 1980
Fonte: CARYBÉ, Os Deuses Africanos no Candomblé da Bahia, 1993

Dessa forma, nesse período, há uma direção na reconstrução da identidade africana, de certa maneira uma valorização. Porém, a identidade religiosa é um processo dialógico, em constante transformação, na qual as mudanças acontecem diante do que a sociedade pode oferecer.

O livro parece cumprir duas funções primordiais:

- Ser um documentário completo sobre o candomblé baiano.
- Legitimar a pureza jeje-nagô.

3
OS OBÁS DE XANGÔ

Segundo Dantas[93], a significação da "volta à África" e a exaltação do "nagô puro", ou seja, a busca de legitimação, marcam a construção da identidade ligada ao candomblé queto em uma dicotomia: tradição[94] e pureza *versus* o distanciamento da matriz negro-africana, observada nas demais modalidades do culto. Nesse contexto, o movimento de volta à África, liderado por Mãe Aninha, Iyalorixá do Ilê Axé Opô Afonjá, acaba por influenciar uma parcela da população negra. Com o crescente prestígio da terra-mãe, os negros passam a mandar seus filhos para a África com o propósito de aprender a tradição dos cultos e introduzi-la no Brasil.

Em meados de 1868, alguns escravizados libertos formavam um importante grupo chamado "brasileiros" na África, em Lagos, Nigéria. Essa comunidade cumpriu o papel de símbolo de identidade na volta às raízes da cultura iorubá. No Brasil, essas viagens assinalavam, de certa forma, um esquecimento nas marcas deixadas pela escravidão. Então, para os brasileiros, ex-escravizados, residentes em Lagos, a escravidão tornava-se um mito civilizador. Assim, a viagem à terra de origem tinha um caráter de prestígio.

A primeira dessas viagens míticas teria sido realizada pela fundadora do terreiro do Engenho Velho, Iyá Nassô, casa que deu origem a outras duas, consideradas berços da tradição iorubá: o Gantois e o Ilê Axé

---

[93] DANTAS, Beatriz Góis. **Vovó Nagô e papai branco**: usos e abusos da África no Brasil. Rio de Janeiro: Graal, 1988.

[94] "Não é necessário recuperar nem inventar uma tradição quando os velhos usos ainda se conservam" HOBSBAWM, Eric; RANGER, Terence 1983 *apud* CAPONE, Stefania. **A busca da África no Candomblé**: Tradição e poder no Brasil. Rio de Janeiro: Pallas, 2009, p. 255.

Opô Afonjá. Segundo o mito, Iyá Nassô viajou com Obá Tossi. Iyá Nassô, Obá Tossi e sua filha, Magdalena, passaram sete anos em Queto, onde a filha de Obá Tossi gerou três filhos: a caçula, Claudiana, é a mãe biológica de Mãe Senhora, de quem Carybé é filho de santo. Elas acabaram retornando a Salvador, acompanhadas de um africano, Rodolfo Martins de Andrade. Após a morte de Iyá Nassô, Obá Tossi tornou-se a Iyalorixá do Engenho Velho, onde iniciou Mãe Aninha, fundadora do *Axé Opô Afonjá*.

Outra viagem importante à África, nessa mesma época e que também tem um caráter de mito fundador, é a de Marcos Teodoro Pimentel, fundador do primeiro terreiro de *Egungun* na ilha de Itaparica (Bahia). A terceira viagem que se forma em torno do mito fundador é a de Martiniano Eliseu do Bonfim, informante e colaborador de Nina Rodrigues. Martiniano nasceu por volta de 1859 e foi pela primeira vez à Nigéria com seu pai em 1875, permanecendo em Lagos até 1886. Usava o título honorífico de babalaô Ojelade e era muito procurado pelos adeptos do candomblé. Segundo a tradição oral, ele aprendeu os fundamentos do culto aos ancestrais com seu pai e, durante seu período na África, foi considerado um mestre por Marcos Teodoro Pimentel. Mãe Aninha fundou com Martiniano, em 1910, o Ilê Axé Opô Afonjá e consagra a Mãe Senhora, o cargo de *Iyamorô* e *Ossi Dagan*, que viria ser a segunda Iyalorixá da casa. Nesse período, Mãe Aninha passou longos períodos no Rio de Janeiro, então capital do Brasil. Ao retornar definitivamente para Salvador e com a colaboração de Martiniano, criou a instituição dos Obás de Xangô.

No Centro Cruz Santa do Axé do Opô Afonjá, terreiro de candomblé situado no Alto de São Gonçalo, no bairro do Retiro, em Salvador da Bahia, existe um grupo de "oloiês"[95] conhecido como "Obás de Xangô ou "Ministros de Xangô".[96]

O Axé Opô Afonjá foi o primeiro a modificar seu ritual ao introduzir a instituição dos Obás de Xangô. Trata-se de um grupo de dignitários do culto,

[95] Oloiê: *Oloiê*, também *ojoiê* e *ijoij*. As três formas abonadas nos candomblés da Bahia, com a mesma significação: o portador de um título honorífico, um "cargo", um "posto" num terreiro.
[96] LIMA, Vivaldo da Costa. *Os Obás de Xangô*, 1966. Disponível em: www.afroasia.ufba.br/pdf/afroasia_n2_3_p5. pdf. p, 5-6. Acesso em: 22 ago. 2011.

com títulos honoríficos, ligados ao culto de Xangô.

Dantas[97] considera de suma importância para a popularização da herança africana dois congressos afro-brasileiros realizados na década de 1930. O primeiro ocorreu em 1934, sediado em Recife, e teve como idealizador Gilberto Freyre. O segundo ocorreu em Salvador, no ano de 1937, e contou com a organização de Édson Carneiro, Aydano do Couto Ferraz e Reginaldo Guimarães, que procuraram enfatizar a teoria de Nina Rodrigues.

Apesar das divergências, os dois congressos buscaram afirmar a autenticidade apresentada nos ritos das religiões de matriz negro-africana, exaltando a pureza nagô. Durante o segundo congresso afro-brasileiro, antes mesmo de ser colocado em prática, Martiniano tornou pública a existência do corpo de Obás de Xangô.

Segundo Martiniano e Verger[98], os Obás de Xangô formam um conselho encarregado de manter seu culto. O conselho seria composto, a princípio, por 12 ministros que, na Terra, o acompanhariam, sendo seis do lado direito e seis do lado esquerdo. Desse modo, estaríamos assim diante de uma instituição africana reproduzida fielmente na Bahia, conforme cita Capone[99]: "Essa polarização entre direita (Otún) e esquerda (Osì) faz parte da organização religiosa e política entre os iorubá". Em seu artigo, Lima[100] discorre sobre o corpo de Obás de Xangô do Ilê Axé Opô Afonjá. Além da introdução explicativa sobre os principais fundamentos religiosos, divide a análise em:

- Quadro atual dos Obás
- Os *Otuns* e os *Ossis*: a polaridade
- A função dos *Obás* no terreiro
- Admissão no grupo. Substituição e renovação do quadro

Os nomes títulos dos Obás.

Segundo o autor, os Obás recebem na cerimônia de sua confirmação nomes ou *oiês* alusivos a personalidades ligadas à história da cultura iorubá. Dessa maneira, os Obás são divididos em direita e esquerda. Os Obás da direita são classificados em:

- *Obá Abiodum*
- *Obá Aré*

---

[97] DANTAS, 1988.
[98] *Apud* CAPONE, 2009.
[99] CAPONE, 2009.
[100] LIMA, 1966, p. 10.

- *Obá Arolu*
- *Obá Telá*
- *Obá Odofim*
- *Obá Cancanfô.*
- Os Obás da esquerda, por sua vez, dividem-se em:
- *Obá Onanxocum*
- *Obá Arecá*
- *Obá Elerim*
- *Obá Onicoí*
- *Obá Olugbom*
- *Obá Xorum.*

Esse corpo de Obás de Xangô representa um grupo diferenciado em relação às outras casas de candomblé queto de Salvador, cujos titulares são ogãs, nos quais a casa se apoia e conta na organização religiosa. Com a morte de Mãe Aninha, sua sucessora, Mãe Senhora, diante de um período de tensões, decidiu substituir alguns Obás e também modificar a estrutura do grupo. O número de Obás, que somavam 12 e estava dividido entre os da direita e os da esquerda, ganhou mais uma subdivisão, cada posto ganhou *Otun Obá* e *Osi Obá*, isto é, um substituto da direita e outro da esquerda, passando, dessa maneira, para 36 membros. Por exemplo, o cargo de *Obá Onaxocum*, cargo que Carybé ocupou, ganhou duas subdivisões:

- *Obá Onaxocum*
- *Obá Onaxocum Otun* (cargo de Carybé)
- *Obá Onaxocum Ossi.*

Ainda segundo Lima[101], no *Opô Afonjá*, hierarquicamente, os Obás estão em uma categoria superior à dos ogãs, sendo considerados os ogãs mais graduados por serem consagrados ao próprio patrono do axé da casa, *Xangô Afonjá*. Cabe aos Obás a responsabilidade de ajuda financeira à Iyalorixá nas obrigações religiosas da casa dedicadas ao Orixá Xangô, como também em quaisquer outras festas do Axé a que cada Obá esteja associado por suas ligações rituais secundárias. Desse modo, o Obá deve contribuir financeiramente com uma cota, muitas vezes estipulada pela Iyalorixá. Tomemos como o exemplo o cargo de Obá de Carybé, como descreve Lima:

> PARA ILUSTRAR A SITUAÇÃO, TOMEMOS COMO EXEMPLO O CASO DO OTUM ONAXOCUM. ESTE EXEMPLO PODE BEM DEFINIR TODA A TIPOLOGIA DAS VARIÁVEIS DE CONTRIBUIÇÃO FINANCEIRA DOS OBÁS AO TERREIRO. ESSE OBÁ

---

[101] LIMA, 1966, p. 6.

DEVERÁ CONTRIBUIR FINAN-
CEIRAMENTE AO TERREIRO
NAS SEGUINTES OCASIÕES:

1. NO CICLO DE FES-
TAS DE XANGÔ

2. NO CICLO DE FES-
TAS DE OXUM[102]

3. NAS FESTAS DE OXÓSSI
POR SER O OBÁ FILHO
DE OXÓSSI.

4. NA FESTA DE OMOLU,
NA SEGUNDA FEIRA
SEGUINTE AO DOMINGO
DAS AIABÁS, FESTA CHA-
MADA DE "OLUBAJÉ DE
OMOLU", POR TER O OBÁ
REFERIDO TAMBÉM O
POSTO DE IJI APOGÃ NO
EBÉ DAQUELE ORIXÁ.[103]

Vale salientar que essas são apenas algumas das atribuições financeiras de um Obá de Xangô. Lima[104] explica que o cargo de *Anaxocum* é considerado um dos Baba Obá, ou seja, um dos pais do Rei, como se diz em iorubá. Seria, portanto, na casa de *Onaxocum* que, segundo Johson[105], o novo Afafin[106] deve dormir depois de sua eleição para o trono, e os sacrifícios, as práticas divinatórias e propiciatórias devem também ser realizadas.

Acreditamos ter fornecido, com essas notas, os elementos etnográficos básicos para um ensaio de interpretação sociológica das relações intragrupais numa associação religiosa afro-brasileira.[107]

O caráter político dos Obás de Xangô fica evidente na escolha das pessoas que ocupam esses cargos, podendo defini-los como a elite dos ogãs e pessoas influentes na sociedade. Mãe Senhora, preocupada com sua posição e poder, recrutou para compor o corpo de obás os intelectuais mais importantes da Bahia, entre eles Carybé, Verger, Dorival Caymmi e Jorge Amado. Buscava a legitimação de sua tradição. Capone[108] comenta que os títulos apresentados por Martiniano resultam de uma bricolagem da história iorubá, presentes na obra de Johson[109], escrita antes de 1887 e reeditada em 1921, que compreendia o texto de referência sobre a história iorubá, estudado nas escolas da Nigéria. Tais influências são notórias em Martiniano, devido

---

[102] No caso, Oxum é mencionada com ênfase por ser o Orixá de Mãe Senhora, Iyalorixá da época em que o artigo foi escrito. O Orixá da atual Iyalorixá é de Oxóssi, Mãe Stella de Oxóssi.
[103] LIMA, 1966, p. 19.
[104] LIMA, 1966, p. 19.
[105] JOHSON, Samuel. **The History of the Yorubas**. London: George Routledge & Sons, 1957.
[106] Rei.
[107] LIMA, 1966, p. 34.
[108] CAPONE, 2009, p. 284.
[109] JOHSON, *Op. cit.*

ao longo período em que viveu em Lagos. Assim, no caso dos obás de Xangô, houve uma recriação da tradição baseada em dados históricos, procurando reatualizar um passado remoto.

Essa reconstrução do corpo de *obás*, realizada por Mãe Aninha, reforçou a sua origem iorubá, fazendo com que sua casa se reaproximasse da África, tornando-se mais "tradicional". Como Mãe Aninha fundou sua casa em decorrência da cisão da Casa Branca do Engenho Velho, ela sentia a necessidade de se diferenciar em relação à casa mãe.

3.1 *OJÚ OBÁ*: PIERRE FATUMBI VERGER

O ESPETÁCULO DA BAHIA ESTÁ NAS RUAS. NOS ANOS 40 ERAM CALMAS E AGRADÁVEIS. NESTAS RUAS ERA CONSTANTE O DESFILE DE PESSOAS QUE LEVAVAM TODA SORTE DE COISAS SOBRE A CABEÇA... MAS O QUE ERA MAIS REMARCÁVEL E CONTINUA SENDO, NAS RUAS DA BAHIA, A BOA TERRA, É A EXTRAORDINÁRIA E ALEGRE MISTURA, O CONVÍVIO AMIGÁVEL DE PESSOAS BRANCAS E MORENAS, AMARELAS E NEGRAS QUE FAZEM A BAHIA DE TODAS AS CORES.[110]

Pierre Fatumbi Verger chega ao Brasil em 1946, encantando-se com os afrodescendentes e seus cultos religiosos. Verger cumpre o importante papel na comparação entre África e Brasil. Também iniciado por Mãe Senhora, reconta a tradição iorubá por meio das inúmeras notas de suas viagens. Em 1952, chegou a Porto Novo (Benin), de onde partiu para incursões na Nigéria. Em 1953, obteve, pelas mãos do rei de *Oshobó*, uma carta para Mãe Senhora, consagrando-a com o título de Iyá Nassô, dignitária do culto de Xangô. Tal valor simbólico foi fundamental para que Senhora aumentasse seu poder diante da tradição iorubá em Salvador. Durante a comemoração dos 50 anos de sacerdócio de Mãe Senhora, em 1958, um grande número de personalidades compareceu ao evento, entre eles o então presidente da República, Juscelino Kubitschek.

Em 1965, Mãe Senhora foi eleita "Mãe preta do ano" e, em 1966, recebeu do governo do Senegal a "ordem dos cavaleiros do mérito" pela sua atividade de

---

[110] VERGER, Pierre Fatumbi; BARRETO, José de Jesus. **Entre Amigos**: Carybé & Verger: gente da Bahia. Local: editora, 2008, p. 78.

preservação da cultura negro--africana. Em seu enterro, em 1967, uma verdadeira multidão estava presente.

Verger passou cerca de 17 anos entre Brasil e África. Foi iniciado em 1953 no culto a Ifá, tornando-se babalaô, ajudando de forma significativa no vínculo simbólico entre África e Brasil. Em decorrência de suas pesquisas, foi fundado em 1959, o Centro de Estudos Afro-orientais de Salvador (CEAO).

Durante os anos de 1960, os pesquisadores do CEAO viajaram, em sua grande maioria, para a África ocidental. Em 1967, Mestre Didi, filho biológico de Mãe Senhora, e sua esposa, a pesquisadora Juana Elbein dos Santos, partiram para o Benin com o objetivo de visitar o rei de Queto, em companhia de Verger, contando com uma bolsa da Unesco.

A atual Iyalorixá do Ilê Axé Opô Afonjá, Mãe Stella de Oxossi, *Odekayodè*, quarta Iyalorixá na sucessão do terreiro, também esteve na África. Tais viagens representam um prestígio no meio dos cultos e uma forma de adquirir conhecimentos perdidos ou diluídos na diáspora.

3.2 OTUM AROLU – JORGE AMADO

O romance social ambiciona apontar, por debaixo do anedótico do enredo, a realidade profunda, subjacente à camada superficial.[111]

Jorge Amado é um dos escritores brasileiros mais lidos e traduzidos. Seu percurso procura narrar o processo histórico e dar lugar à inclusão social, seja de gênero, etnia ou classe, como afirma Duarte[112], "Jorge Amado colocaria o povo como personagem para ganhá-lo como leitor". Encontramos, portanto, uma fórmula comum dentro de sua obra: explorados, marginais, mulheres, negros, mestiços, trabalhadores, etc.

Tomaremos como exemplo o romance *Jubiabá* (1935), que, além de ser considerado um marco na obra de Amado, tem um apelo popular capaz de incorporar uma estratégia narrativa inovadora, inspirado na linguagem cinematográfica. Esse romance é particularmente importante para o presente estudo, pois evidencia o pri-

---

[111] LUCAS, Fábio. **Cadernos de Literatura Brasileira**: Jorge Amado. São Paulo: Instituto Moreira Salles, 1997, p. 99.

[112] DUARTE, Eduardo de Assis. Cadernos de Literatura Brasileira: Jorge Amado. 1997. p. 89.

meiro contato de Carybé com a cultura afro-baiana e o culto do candomblé baiano. Duarte classifica o romance *Jubiabá* como um modelo popular/popularizado que preside a ascensão na cena narrativa das vozes vindas "de baixo". Ao mesmo tempo, o seu discurso ganha um caráter de utopia socialista, o texto passa a revelar o político no escritor. *Jubiabá* traz na figura de Balduíno, o protagonista, o primeiro herói negro do romance brasileiro. "Balduíno opõe o instrumento da greve às rezas do pai-de-santo, tentando desqualificá-las no momento em que invade a sessão de umbanda."[113]

O personagem procura em um primeiro momento, com essa atitude, esvaziar o ritual e angariar pessoas para o movimento político, lamentando que o líder espiritual Jubiabá tenha falhado em não orientar politicamente seus filhos, partindo do princípio que ele deveria saber de tudo o que viria a acontecer. Por outro lado, com o sucesso da paralisação narrada no livro, Pai Jubiabá o reconhece e o destaca como líder e exemplo para os homens do morro do Capa Gato, demonstrando a coesão que deve existir nas diversas lutas, a exemplo das políticas afirmativas.

Amado foi deputado-constituinte em 1946, responsável pelo projeto de lei que estabelecia a liberdade de culto no país e descriminalizava os rituais afro-brasileiros. É a partir da década de 1960, entretanto, que a temática afro-brasileira ganha corpo na obra do escritor. O discurso passa a tratar de questões étnicas e raciais, práticas ainda estranhas à cultura etnocêntrica branca, ocidental e judaico-cristã; a exemplo de *Tenda dos Milagres* (1969).

[...] Pedro Arcanjo adota, 25 anos depois, a perspectiva "politicamente correta" frente ao outro étnico, que a centralidade da perspectiva da classe obscurecida em Jubiabá com o outro social [...].[114]

Tenda dos Milagres busca o discurso paralelo de elevação da cultura afro-brasileira por meio da miscigenação, provavelmente influenciada pela tese de Freyre (*Casa Grande Senzala*). Ao lado de Carybé, Jorge Amado contribuiu de forma substancial para a divulgação do candomblé, pois o tema foi recorrente inspiração em sua

---

[113] DUARTE, 1997, p. 93.

[114] DUARTE, 1997, p. 94.

obra, além de ser membro do corpo dos obás de Xangô do Ilê Axé Opô Afonjá e das reivindicações pelos direitos políticos do povo do santo, da capoeira e das rodas de samba.

3.3 OBÁ ÓNIKÔYI – DORIVAL CAYMMI

> *ALGUNS CANTORES SE PROJETARAM, MESMO, CANTANDO AS COISAS DO CANDOMBLÉ, COMO DORIVAL CAYMMI [...].*

Silva e Amaral[115] analisam as múltiplas relações entre os valores e símbolos religiosos afro-brasileiros e a música popular brasileira. Buscam a estreita relação da música com as religiões de matriz negro-africana e a construção da identidade nacional, aprofundando o diálogo entre os fundamentos religiosos e a cultura. A partir da década de 1920, o rádio ganha popularidade e torna-se o maior veículo de comunicação do país; momento em que o samba e os outros gêneros populares, até então ritmos considerados regionais, ganham expressão nacional.

O Estado Novo (1937-1945), na gestão de Getúlio Vargas, segundo Silva e Amaral, "incluía a valorização e promoção das práticas culturais 'brasileiras' capazes de congregar o sentimento de unidade nacional"[116]; complementando, nesse período, a cultura popular. O candomblé, por ter em sua base os elementos afro-brasileiros, além da projeção, recebe oficialmente o apoio do governo; a exemplo da capoeira, que passa a ser considerada "esporte nacional".

As classes populares encontram na música um campo semântico que suporta diversas experiências e valores. Outros tipos simbolizam o Brasil em âmbito nacional e internacional na figura de Carmem Miranda e do Bando da Lua, grupo que Carybé acompanhou em Buenos Aires tocando pandeiro:

> *O QUE É A BAIANA TEM? [...]*
> *TEM TORSO DE SEDA, TEM!*
> *TEM BRINCOS DE OURO, TEM!*
> *CORRENTE DE OURO, TEM!*
> *TEM PANO DA COSTA, TEM!*
> *SANDÁLIA ENFEITADA, TEM!*
> *TEM GRAÇA COMO NINGUÉM*
> *COMO ELA REQUEBRA BEM!*
> *QUANDO VOCÊ SE REQUEBRAR*
> *CAIA POR CIMA DE MIM [...]*[117]

---

[115] AMARAL, Rita. **Xirê**: O modo de ver e crer no candomblé. Rio de Janeiro. Rio de Janeiro: Pallas, 2002, p. 104.

[116] SILVA, Vagner Gonçalves da; AMARAL, Rita. "Foi conta pra todo Canto": Música popular e Cultura Religiosa afro-brasileira (Artigo) In: www.doafroaobrasileiro.org/contacanto1.html, p. 168.

[117] CAYMMI, Dorival, 1939, p. 168.

Para Silva e Amaral, devido à grande presença de baianos no Rio de Janeiro nesse período, até então capital federal, a projeção nacional da Bahia aconteceria. As "tias" baianas, a exemplo de Tia Ciata, com sua cultura, seus trajes típicos presentes nos terreiros e no Carnaval, são sintetizadas na figura de Carmem Miranda. Em 1939, no filme *Banana da Terra*, Carmem Miranda interpretaria "O que é que a baiana tem?" portando um figurino customizado, com base na indumentária das filhas de santo do candomblé, contando ainda com as contas em colares, pulseiras e torso.

É como se ela própria representasse o Brasil e estes símbolos representassem a força da religiosidade de origem africana na constituição de nossa identidade.[118]

Carmen Miranda interpretou várias composições de Caymmi, com temas ligados à cultura afro-baiana:

- A Bahia
- A vida litorânea
- O cotidiano dos pescadores
- O mar
- A religiosidade de matriz negro-africana.

O meio musical absorveu a religiosidade de matriz negro-africana nesse período. Outro exemplo de composição de Caymmi seria "Oração a Mãe Menina"[119], criada em homenagem à Iyalorixá do terreiro *do Gantois*:

[...] O CONSOLO DA GENTE, HEIN?
TÁ NO GANTOIS
E A OXUM MAIS BONITA, HEIN?
TÁ NO GANTOIS
OLORUM QUEM MANDOU
ESSA FILHA DE OXUM
TOMAR CONTA DA GENTE
E DE TUDO CUIDAR
OLORUM QUEM MANDOU
ORA IÊ IÊ Ô...
ORA IÊ IÊ Ô...

Como cita Silva e Amaral, *"nas religiões afro-brasileiras, a música desempenha um papel fundamental"*[120], os autores consideram a música um dos principais veículos pelo qual os adeptos invocam os orixás, seja na umbanda seja no candomblé, fazendo uso de diversos instrumentos:

Atabaques (de diferentes tamanhos como já citado)
- Cabaças

---

[118] SILVA E AMARAL, *Ibid.*, p. 168.
[119] CAYMMI, Dorival. "Oração a Mãe Menininha", 1972.
[120] SILVA E AMARAL, *Ibid.*, p. 162.

- Chocalhos
- Agogôs
- Ganzás.

A musicalidade se faz presente tanto em cerimônias públicas como privadas. Essa é uma das características da herança da matriz negro-africana.

3.4 O DIÁLOGO ENTRE OS OBÁS

UM BABALAÔ ME CONTOU:
ANTIGAMENTE, OS ORIXÁS ERAM HOMENS.
HOMENS QUE SE TORNARAM ORIXÁS POR CAUSA DE SEUS PODERES.
HOMENS QUE SE TORNARAM ORIXÁS POR CAUSA DE SUA SABEDORIA.
ELES ERAM RESPEITADOS POR CAUSA DE SUA FORÇA
ELES ERAM VENERADOS POR CAUSA DE SUAS VIRTUDES.
NÓS ADORAMOS SUA MEMÓRIA E OS ALTOS FEITOS QUE REALIZARAM.
FOI ASSIM QUE ESTES HOMENS SE TORNARAM ORIXÁS.
OS HOMENS ERAM NUMEROSOS SOBRE A TERRA.
ANTIGAMENTE, COMO HOJE, MUITOS DELES NÃO ERAM VALENTES NEM SÁBIOS.
A MEMÓRIA DESTES NÃO SE PERPETUOU.
ELES FORAM COMPLETAMENTE ESQUECIDOS.
NÃO SE TORNARAM ORIXÁS.
EM CADA VILA UM CULTO SE ESTABELECEU
SOBRE A LEMBRANÇA DE UM ANCESTRAL DE PRESTÍGIO
E LENDAS FORAM TRANSMITIDAS DE GERAÇÃO EM GERAÇÃO
PARA RENDER-LHES HOMENAGEM.[121]

Oju Obá (Pierre Fatumbi Verger), *Otum Arolu* (Jorge Amado), *Obá Ónikôyi* (Dorival Caymmi) e *Obá Onaxocun Otun* (Carybé), apesar da origem e formação distintas, comungam do mesmo olhar sobre a Bahia, sua cultura e sua gente. Trouxeram importantes contribuições, por meio de suas criações artísticas, seja qual for o veículo da expressão, contribuindo acima de tudo para a aceitação e a afirmação da diversidade cultural.

Sob diferentes expressões artísticas, como fotografia, literatura, música e artes plásticas, os quatro *obás* parecem cumprir a função de agentes da disseminação de uma linhagem religiosa de matriz negro-africana iorubá, o tronco jeje-nagô. Fizeram parte não somente do corpo de obás, mas da mesma casa de candomblé, e foram iniciados pelas mãos de Mãe Senhora, além de terem como ofício o amplo campo da arte afro-brasileira.

---

[121] VERGER, 2006, p. 188.

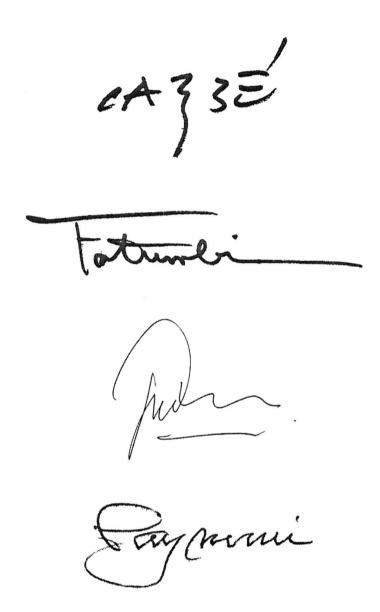

Figura 127 - Assinaturas de Carybé, Pierre Fatumbi Verger, Jorge Amado e Dorival Caymmi
Fonte: imagem manipulada por Sônia Schafer

REFERÊNCIAS

AMADO, Jorge. **O Capeta Carybé**. Rio de Janeiro: Berlendis & Vertecch, 1996.

AMARAL, Aracy. **Artes Plásticas na Semana de 22**. São Paulo: Perspectiva, 1976.

AMARAL, Rita. **Xirê! O modo de crer e de viver no candomblé.** Rio de Janeiro: Pallas, 2002.

ARAÚJO, Emanoel (org.). **A Mão Afro-Brasileira: Significação da Contribuição Artística e História.** São Paulo: Tenenge, 1988. (Vol. I e II).

ARAÚJO, Emanoel (org). **Carybé.** São Paulo: Museu Afro-Brasil, 2006.

ARAÚJO, Emanoel (org.). **As Artes de Carybé/*Las Artes de Carybé*.** São Paulo: São Paulo: Imprensa Oficial do Estado de São Paulo; Salvador: Museu Afrobrasil e Instituto Carybé, 2009.

ARGAN, Giulio C. **Arte Moderna**: do Iluminismo aos Movimentos Contemporâneos. São Paulo: Companhia das Letras, 1992.

ARHEIM, Rudolf. **Visual Thinking**. Berkeley: University of California Press, 1969.

AZEVEDO, Elizabeth. **O papel na arte brasileira do século XX**. São Paulo: DBA, 2010.

BALOGUN, Ola. Forma e expressão nas artes africanas. *In*: SOW I, Alpha (org.). **Introdução à cultura africana**. Lisboa: Ed. Unesco, 1980.

BARRETI, Aulo F. (org.). **Dos Yorùbá ao Candomblé Kétu**: origens, tradição e continuidade. São Paulo: EDUSP, 2010.

BASTIDE, Roger. **Impressões do Brasil**. São Paulo: Imprensa Oficial do Estado de São Paulo, 2011.

BENISTE, José. **Dicionário Yorubá – Português.** Rio de Janeiro: Bertrand Brasil, 2011.

BENISTE, José. **Mitos Yorubás**: O Outro Lado do Conhecimento. Rio de Janeiro: Bertrand Brasil, 2008a.

BENISTE, José. **Òrun Àiyé**: O Encontro de Dois Mundos. Rio de Janeiro: Bertrand Brasil, 2008b.

BENISTE, José. **As Águas de Oxalá**: Àwon Omi Òsàlá. Rio de Janeiro: Bertrand Brasil, 2006.

BERTOLI, Mariza. **Contribuição para uma estética simbólica**. São Paulo: ABCA – Imprensa Oficial do Estado de São Paulo, 2008.

BERTOLI, Mariza. **Muralismo Mexicano**. São Paulo: Cadernos do PROLAM DA UNIVERSIDADE DE SÃO PAULO, 1999.

BERTOLI, Mariza. **O grito dos excluídos**. São Paulo: Revista Arte e Cultura da América Latina - CESA Vol, 2006.

BELLUZZO, Ana Maria de Moraes. **Arte no Século XX**. São Paulo: Editora da Universidade de São Paulo, 2007.

CADERNOS DE LITERATURA BRASILEIRA. **Jorge Amado**. São Paulo: Instituto Moreira Salles, 1997.

CAPONE, Stefania. **A busca da África no Candomblé**. Rio de Janeiro: Pallas, 2009.

CAPONE, Stefania. **Os Yorubá do Novo Mundo**: Religião, Etnicidade e Nacionalismo Negro nos Estados Unidos. Rio de Janeiro: Pallas, 2011.

CARMO, João Clodomiro. **O que é Candomblé**. São Paulo: Brasiliense, 2006. (Coleção Primeiros Passos 200).

CARNEIRO, Edson. **Candomblés da Bahia**. 9. ed. São Paulo: Martins Fontes, 2008.

CARYBÉ, Hector Júlio Paride Bernabó. **Olha o Boi**: Roteiro das Graças da Bahia. São Paulo: Cultrix, 1966.

CARYBÉ, Hector Júlio Paride Bernabó. **Mural dos Orixás**. Salvador: Banco da Bahia, 1979.

CARYBÉ, Hector Júlio Paride Bernabó. **As Sete Portas da Bahia**. Rio de Janeiro: Record, 1976.

CARYBÉ, Hector Júlio Paride Bernabó. **Os Deuses Africanos no Candomblé da Bahia**. Salvador: Bigraf, 1993.

CARYBÉ, Hector Júlio Paride Bernabó; VERGER, Pierre Fatumbi; BARRETO, José de Jesus. **Entre Amigos**: Carybé & Verger, Gente da Bahia. Salvador: Fundação Pierre Verger; Solisluna Design Editora, 2008.

CARYBÉ, Hector Júlio Paride Bernabó; CAYMMI, Dorival; VERGER, Pierre Fatumbi; BARRETO, José de Jesus. **Entre Amigos, Carybé**

& Verger, Caymmi: Mar da Bahia. Salvador: Fundação Pierre Verger; Solisluna Design Editora, 2009.

CARYBÉ, Hector Júlio Paride Bernabó; ARAÚJO, Emanoel (org.). **Impressões de Carybé nas suas visitas ao Benin 1969 e 1987.** São Paulo: Museu Afrobrasil; Imprensa Oficial do Estado, 2007.

CARYBÉ, Hector Júlio Paride Bernabó; TAVARES, Odorico. **Bahia**: Imagens da Terra e do Povo. Rio de Janeiro: Civilização Brasileira S/A, 1961.

CHIPP, Herschel B. **Teorias da arte moderna**. São Paulo: Martins Fontes, 1996.

COLLIER JR, John. **Antropologia Visual**: A Fotografia como Método de Pesquisa. São Paulo: EDUSP/EPU, 1973.

CONDURO, Roberto, **Arte Afro-brasileira**. Belo Horizonte: C/Arte, 2004.

COSTA, Sérgio Francisco. **Método Científico, os caminhos da investigação.** São Paulo: Harbra, 2001.

DANTAS, Beatriz Góis. **Vovó Nagô e Papai Branco**: usos e abusos da África no Brasil. Rio de Janeiro: Graal, 1998.

DEWEY, John. **Arte como Experiência.** São Paulo: Martins Fontes, 2010.

ECO, Humberto. **Viagem na Irrealidade Cotidiana.** Rio de Janeiro: Nova Fronteira, 1984.

FÉLIX, José; NÓBREGA, Cida. **Maria Bibiana do Espírito Santo, Mãe Senhora, Saudade e Memória**. Salvador: Corrupio, 2000.

FERRETTI, Sérgio Figueiredo. **Repensando o Sincretismo:** Estudo sobre a Casa das Minas. São Paulo: EDUSP, 1995.

FORD, Clyde W. **O Herói com Rosto Africano**. São Paulo: Summus, 1999.

FRAGA, Myriam. **Carybé – Coleção Mestres das Artes no Brasil**. São Paulo: Moderna, 2004.

FÜRRER, Carlos (org.). **Carybé**. Salvador: Fundação Emílio Odebrecht, 1989.

GILROY, Paul. **O Atlântico Negro**: Modernidade e Dupla Consciência. São Paulo: Ed. 34, 2001.

GIROTO, Ismael. **O Universo Mágico – Religioso Negro – Africano e Afro-Brasileiro: Bantu e Nagô**. 1999. Tese (Doutorado em Antropologia Social) – Departamento de Antropologia da Faculdade de Filosofia, Letras e Ciências Humanas, Universidade de São Paulo, São Paulo, 1999.

GOMBRICH, E. H. **A História da Arte.** Rio de Janeiro: LTC, 1993.

GONÇALVES, Rebollo Lisbeth. **Entre Cenografias, o Museu e a Exposição de Arte no Século XX**. São Paulo: Editora da Universidade de São Paulo/Fapesp, 2004.

GONÇALVES, Rebollo Lisbeth. **Sérgio Milliet, crítico de arte**. São Paulo: Perspectiva/EDUSP, 1992.

GONÇALVES, Rebollo Lisbeth. **Sérgio Milliet, 100 anos**: Trajetória, Crítica de Arte e Ação Cultural. São Paulo: ABCA/Imprensa Oficial, 2005.

HAUSER, A. **História social da arte e da literatura**. São Paulo: Martins Fontes, 2003.

KI-ZERBO, Joseph (org.). **História Geral da África, I. Metodologia e Pré-História da África.** São Paulo: Ática; Paris: Unesco, 1982.

LEITE, Fábio Rubens da Rocha. **A Questão Ancestral**: África Negra. São Paulo: Palas Athena; Casa das Áfricas, 2008.

LIMA, V. da C. **Os Obás de Xangô. Afro-Ásia,** [s.l.], n. 2-3, 1966. DOI: 10.9771/aa.v0i2-3.20246. Disponível em: https://periodicos.ufba.br/index.php/afroasia/article/view/20246. Acesso em: 30 set. 2021.

LODY, Raul. **Dicionário de Arte Sacra e Técnicas Afro-brasileiras**. Rio de Janeiro: Pallas. 2003.

LODY, Raul. **O negro no museu brasileiro**: construindo identidades. Rio de Janeiro: Bertrand Brasil, 2005.

MILLIET, Sérgio. **Diário Crítico de Sérgio Milliet**. São Paulo: Edusp; Martins Fontes, 1982.

MOURA, Carlos Eugênio Marcondes de (org.). VERGER, Pierre Fatumbi. **Pierre Verger, Saída de Iaô**: cinco ensaios sobre a religião dos orixás. São Paulo: Axis Mundi, 2002.

MUNANGA, Kabengele. **Negritude Usos e Costumes**. Belo Horizonte: Autêntica Editora, 2009.

MUNANGA, Kabengele; GOMES, Nilma Lino. **Para Entender o Negro no Brasil de Hoje: História, Problemas e Caminhos**. São Paulo: Global, 2004.

PAIVA, Rita. **Gaston Bachelard, a imaginação na ciência, na poética e na sociologia**. São Paulo: Annablume; Fapesp, 2005.

RAMPAZZO, Lino. **Metodologia Científica**: para alunos dos cursos de graduação e pós-graduação. Lorena: Siciliano, 1998.

RIBEIRO, Darcy. **O Povo Brasileiro**: A Formação e o Sentido do Brasil. São Paulo: Companhia das Letras, 2006.

RISÉRIO, Antonio. **Oriki Orixá**. São Paulo: Perspectiva, 1996.

RISÉRIO, Antonio. **Uma História da Cidade da Bahia**. Rio de Janeiro: Versal, 2004.

ROCHA, Agenor Miranda. **As Nações Kêtu** – Origens, Ritos e Crenças dos Candomblés Antigos do Rio de Janeiro. Rio de Janeiro: Maud, 2000.

ROIG, Gabriel. **Fundamentos do Desenho Artístico**. São Paulo: Martins Fontes, 2009.

SALLES, Cecília Almeida. **Redes da criação**: construção da obra de arte. Vinhedo: Horizonte, 2008.

SALUM, Marta Heloisa Leuba. **África**: Culturas e Sociedades. Guia temático para professores. São Paulo: Museu de Arqueologia e Etnologia da Universidade de São Paulo, 2008.

SALUM, Marta Heloisa Leuba. **A madeira e seu emprego na Arte Africana**: um exercício de interpretação a partir da estatuária Bantu. 1996. Tese (Doutorado em Antropologia Social) – Universidade de São Paulo, São Paulo, 1996.

SANTOS, José Félix dos; NÓBREGA, Cida. **Maria Bibiana do Espírito Santo, Mãe Senhora: saudade e memória**. Salvador: Corrupio, 2000.

SANTOS, Juana Elbein dos. **Os Nagô e a Morte**: Pàde, Àsèsè e o Culto Égum na Bahia. 13. ed. Petrópolis: Vozes, 2008.

SEVERINO, Antônio Joaquim. **Metodologia do Trabalho Científico**. São Paulo: Cortez, 2007.

SILVA, Alberto da Costa e. **Um Rio Chamado Atlântico**: A África no Brasil e o Brasil na África. Rio de Janeiro: Nova Fronteira, 2011.

SILVA, Dilma de Melo; CALAÇA, Maria Cecília Felix. **Arte Africana & Afro Brasileira**. São Paulo: Terceira Margem, 2007.

SILVA, Dilma de Melo (org.). **Brasil, sua Gente e sua Cultura**. São Paulo: Terceira Margem, 2007.

SILVA, Vagner Gonçalves. **Candomblé e Umbanda - Caminhos da Devoção Brasileira**. São Paulo: Selo Negro, 2005.

SILVA, Vagner Gonçalves. **Orixás da metrópole**. Petrópolis: Vozes, 1995.

SOUZA, Marina de Melo e. **África e Brasil Africano**. São Paulo: Ática, 2007.

RISÉRIO, Antonio. **Oriki Orixá**. São Paulo: Perspectiva, 1996.

VERGER, Pierre Fatumbi. **Lendas Africanas dos Orixás**. Salvador: Corrupio, 1997.

VERGER, Pierre Fatumbi. **Olhar Viajante de Pierre Verger**. Salvador: Fundação Pierre Verger, 2002.

VERGER, Pierre Fatumbi; LÜHNING, Ângela (org.). **Pierre Verger Repórter Fotográfico**. Salvador: Bertrand Brasil, 2004.

VERGER, Pierre Fatumbi. **Retratos da Bahia**. Salvador: Corrupio, 2005.

VERGER, Pierre Fatumbi.. **Ewe – O Uso das Plantas na Sociedade Ioruba**. Rio de Janeiro: Companhia das Letras, 2004.

VERGER, Pierre Fatumbi. **Os Orixás.** Salvador: Corrupio, 2002.

ZAMBONI, S. **A Pesquisa em Arte, um Paralelo entre Arte e Ciência.** Campinas: Autores Associados, 1998.

ZANINI, W. **História Geral da Arte no Brasil (Vol. I e II).** São Paulo: Instituto Walter Moreira Salles, 1983.

WEBIBLIOGRAFIA:

AMARAL, Rita. **Foi conta pra todo canto. Do Afro ao Brasileiro**, 2006. Disponível em: www.doafroaobrasileiro.org/contacanto1.html. Acesso em: 30 set. 2021.

LIMA, Vivaldo da Costa. **Os Obás de Xangô. 1966.** www.afroasia.ufba.br/pdf/afroasia_n2_3_p5.pdf. p. 5-6.

Vagner Gonçalves da Silva, **Artes do axé. O sagrado afro-brasileiro na obra de Carybé,** *Ponto Urbe* [Online], 10 | 2012, posto online no dia 25 julho 2014, consultado o 28 agosto 2022. URL: http://journals.openedition.org/pontourbe/1267;

DOI: https://doi.org/10.4000/pontourbe.1267

TEXTOS DOS ANEXOS

ANEXO A - CRONOLOGIA

ANEXO B - ACERVOS

ANEXO C - SOBRE A ARTE DE CARYBÉ SERGIO MILLIET COMENTA

ANEXO D - PRIMEIRO MANIFESTO DE MÃE STELLA DE OXÓSSI

ANEXO E - SEGUNDO MANIFESTO DE MÃE STELLA DE OXÓSSI

ANEXO A

CRONOLOGIA

1911 — 7 de fevereiro — Nasce em Lanús, Argentina

1919 — Muda-se para o Brasil

1921 — É batizado com o nome de Carybé pelo grupo de escoteiros do Flamengo, Rio de Janeiro

1927/1929 — Estuda na Escola Nacional de Belas Artes, Rio de Janeiro, RJ

1930 — Trabalha no jornal *Notícias Gráficas*, Buenos Aires, Argentina

1935/1936 — Trabalha com o escritor Julio Cortázar e atua como desenhista do jornal *El Diário*

1938 — Enviado a Salvador pelo jornal *Prégon*

1939 — Primeira exposição coletiva, com o artista Clemente Moreau, no Museu Municipal de Belas Artes de Buenos Aires, Argentina. Realiza ilustrações para o livro *Macumba, Relatos de la Tierra Verde*, de Bernardo Kardon, publicado pela Editora *Tiempo Nuestro*

1940 — Ilustra *Macunaíma*, de Mário de Andrade

1941 — Desenha o *Almanaque Esso*, cujo pagamento lhe permite realizar uma longa viagem por Uruguai, Brasil, Bolívia e Argentina, com Alberto Pessano e a desenhista Amanda Lucia

1941/1942 — Viagem de estudos por vários países da América do Sul

1942 — Ilustração para o livro *La Carreta*, de Henrique Amorim, publicado pela Editora *El Ateneo*, Buenos Aires, Argentina

1943 — Com Raul Brié, traduz para o espanhol o livro *Macunaíma*, de Mário de Andrade. Produz ilustrações para as obras *Maracatu, Motivos Típicos y Carnavalescos*, de Newton Freitas, publicado pela Editora Pigmaleon; *Luna Muerta*, de Manoel Castilla, publicado pela Editora Shapire; e *Amores de Juventud*, de Casanova Callabero. Publica e ilustra *Me voy al Norte*, pela revista trimestral *Libertad Creadora*. Recebe o Primeiro Prêmio no XXIX Salon Acuarelistas Y Grabadores (Exposição realizada na Galeria Witcomb, Buenos Aires) e o Primeiro Prêmio da Câmara Argentina del Libro pela ilustração do livro *Juvenília*, de Miguel Cané, Buenos Aires, Argentina

1944 — Ilustra os livros *Poesias Completas*, de Walt Whitman, e *A Cabana do Tio Tomás*, ambos pela Editora Shapire, e *Los Quatro Gigantes del Alma*, de Mira y Lopez. Com o pagamento da ilustração do 3º Calendário Esso, viaja pela terceira vez à Bahia. Frequenta aulas de capoeira, visita candomblés e realiza desenhos e pinturas

1945 — Faz ilustrações para a obra *Robinson Crusoé*, de Daniel Defoe, para a Editora *Viau*

1946 — Casa-se com Nancy Colina Bailey, em Tartgal, província de Salta, Argentina. Auxilia na montagem do jornal *Tribuna da Imprensa*, no Rio de Janeiro

1947 — Trabalha no jornal *O Diário Carioca*, Rio de Janeiro

1948 — Produz texto e ilustrações para o livro *Ajtuss*, Ediciones botella al Mar, Buenos Aires, Argentina

1949/1950 — Convidado por Carlos Lacerda para trabalhar na *Tribuna da Imprensa*, Rio de Janeiro

1950 — A convite do secretário da Educação Anísio Teixeira, muda-se para a Bahia, produzindo nesse ano dois painéis para o Centro Educacional Carneiro Ribeiro (Escola Parque), Salvador

1950/1957 — Fixa residência em Salvador

1950/1960 — Participa ativamente do movimento de renovação das artes plásticas, ao lado de Mário Cravo Júnior, Genaro de Carvalho e Jenner Augusto, em Salvador

1951 — Produz texto e ilustrações para a obra *Coleção Recôncavo*, editado pela Tipografia Benedita, e ilustrações para o livro *Bahia, Imagens da Terra e do Povo*, de Odorico Tavares, lançado pela Editora José Olímpio, Rio de Janeiro, RJ. Por esse trabalho obtém a medalha de ouro na 1ª Bienal de Livros e Artes Gráficas.

1952 — Realiza cerca de 1.600 desenhos para as cenas do filme *O Cangaceiro*, de Lima Barreto. Trabalha como diretor artístico e aparece como figurante nesse filme, em São Paulo

1953 — Ilustração para o livro *A Borboleta Amarela*, de Rubem Braga, pela Editora José Olímpio

1955 — Ilustra a obra *O Torso da Baiana*, editado pelo Museu do Estado da Bahia

1957 — Naturaliza-se brasileiro. Produz águas-fortes, com desenhos originais para edição especial do livro *Macunaíma*, de Mário de Andrade, lançado pela Sociedade dos 100 Bibliófilos do Brasil. Foi confirmado Obá de Xangô do Terreiro Axé Opô Afonjá como *Otun Onã Shokun* e *Iji Apôgan* na casa de Omulu

1958 — Realiza mural, óleo sobre muro, para o Banco Português, em São Paulo, e mural em óleo para o Escritório da Petrobrás, Nova Iorque, Estados Unidos. Ilustra o livro *As Três Mulheres de Xangô*, de Zora Seljan, pela Editora G.R.D.

1959 — É premiado com o primeiro e o segundo lugares do concurso para a escolha do projeto de execução de painéis para o Aeroporto Kennedy, Nova Iorque, Estados Unidos

1961 — Ilustra *Jubiabá*, de Jorge Amado, pela Editora Martins Fontes

1963 — Recebe o título de Cidadão da Cidade de Salvador

1965 — Ilustra *A Muito Leal e Heroica Cidade de São Sebastião do Rio de Janeiro*, obra lançada pela Editora Raymundo Castro Maya

1966 — É coautor com Jorge Amado da obra *Bahia, Boa Terra Bahia*, pela Editora Image. É autor (texto e ilustrações) do livro *Olha o Boi*, pela Editora Cultrix

1967 — Recebe o Prêmio Odorico Tavares, de Melhor Artista Plástico de 1967. Concurso instituído pelo governo do estado da Bahia para estimular o desenvolvimento das artes plásticas na Bahia. Realiza o Painel dos Orixás, para o Banco da Bahia (atualmente cedidos ao Museu Afro-brasileiro da UFBA)

1968 — Ilustra os livros *Carta de Pêro Vaz de Caminha ao Rei Dom Manuel*, pela Editora Sabiá, e *Capoeira Angolana*, de Waldeloir Rego, pela Editora Itapoã

1969 — Produz ilustrações para o livro *Ninguém Escreve ao Coronel*, de Gabriel Garcia Marquez, pela Editora Sabiá. Viajou para o Daomé (atual Benin), África, em companhia de Pierre Verger, permanecendo um mês.

1970 — Realiza ilustrações para os livros *O Enterro do Diabo* e *Os Funerais de Mamãe Grande*, editados pela Editora Sabiá. Realiza ilustrações para o livro *Agotimé her Legend*, de Judith Gleason, editado pela Grossman Publishers, Nova Iorque, Estados Unidos

1971 — Ilustra *Cem Anos de Solidão*, de Gabriel Garcia Marquez, e *A Casa Verde*, de Mário Vargas Llosa, ambos pela Editora Sabiá. Produz texto e ilustração para o livro *Candomblé da Bahia*, lançado pela Editora Brunner

1973 — Ilustra o livro de Gabriel Garcia Marquez, *A Incrível e Triste História de Cândida Erendira e sua Avó Desalmada*. Realiza mural para a Assembleia Legislativa e painel para a Secretaria da Fazenda do Estado da Bahia

1974 — Produz xilogravuras para o livro *Visitações da Bahia*, publicado pela Editora Onile

1976 — Ilustra o livro *O Gato Malhado e a Andorinha Sinhá: uma história de amor*, de Jorge Amado. Recebe o título de Cavaleiro da Ordem do Mérito da Bahia

1977 — Diplomado com a Honra ao Mérito Espiritual Culto Afro-brasileiro, Xangô das Pedrinhas ao *Obá de Xangô: Onã Shokun* (Carybé)

1978 — Realiza a escultura em concreto de Oxossi no Parque da Catacumba. Ilustra o livro *Quincas Berro D'Água*, de Jorge Amado, pelas Edições Alumbramento

1979 — Produz xilogravuras para o livro *Sete Lendas Africanas da Bahia*, lançado pela Editora Onile

1980 — Desenha figurinos e cenário para o Ballet *Quincas Berro D'Água*, no Teatro Municipal do Rio de Janeiro

1981 — Publicação do livro *Iconografia dos Deuses Africanos no Candomblé da Bahia* (Ed. Raízes), após 30 anos de pesquisas

1982 — Recebe o título de *Doutor Honoris* Causa da UFBA

1983 — Realiza painel para a embaixada brasileira em Lagos, Nigéria

1984 — no Espírito Santo, recebe a Comenda Jerônimo Monteiro no Grau de Cavaleiro. Recebe a Medalha do Mérito Castro Alves, concedida pela Academia de Letras da UFBA. Realiza escultura em bronze *Mulher Baiana*, no Shopping Center Iguatemi, Salvador

1985 — Desenha figurinos e cenografia para o espetáculo *La Bohéme*, no Teatro Castro Alves. Ilustra o livro *Lendas Africanas dos Orixás*, de Pierre Verger, publicado pela Editora Currupio

1987 — Viaja para o Benim integrando uma comitiva da Prefeitura de Salvador

1988 — Realiza em parceria com o artista Poty Lazzarotto os painéis para o Salão dos Atos do Memorial da América Latina, São Paulo. Couberam a Poty os painéis sobre os indígenas, os emigrantes e os construtores. Para Carybé foram: os negros, os ibéricos e os libertadores.

1992 — Ilustra o livro *O Sumiço da Santa: uma história de feitiçaria*, de Jorge Amado

1995 — Ilustra o livro *O uso das plantas na sociedade Iorubá*, de Pierre Verger

1996 — *Capeta Carybé*, de Agnaldo Siri Azevedo (curta). Adaptação do livro *O Capeta Carybé*, de Jorge

Amado, sobre o artista plástico Carybé, nascido na Argentina e que veio a tornar-se o mais baiano dos brasileiros

1997 — Ilustra o livro *Poesias*, de Castro Alves. Em 2 de outubro, falece em Salvador

ANEXO B

ACERVOS

Acervo Banco Itaú – São Paulo, SP

Centro de Arte moderna da Fundação Calouste Gulbenkian – Lisboa, Portugal

Coleção da Casa Real Inglesa – Balmoral Castle – Aberdeen, Escócia

Fundação Raymundo de Castro Maya – Rio de Janeiro, RJ

MAM/BA – Museu de Arte Moderna, Salvador, BA

MAM/SP – Museu de Arte Moderna, São Paulo, SP

MOMA – Museum of Modern Art, Nova Iorque, EUA

Museu Afro-brasileiro – Salvador, BA

Museu da Cidade – Salvador, BA

Museu de Arte Contemporânea – Lisboa, Portugal

Museu de Arte da Bahia – Salvador, BA

Museu de Manchete – Rio de Janeiro, RJ

Museu Hermitage – São Petersburgo, Russia

Museum Rade – Reinbek, Alemanha

Museu Regional de Feira de Santana, Bahia

Núcleo de Artes do Desenbanco – Salvador, BA

Pinacoteca Ruben Berta – Porto Alegre, RS

ANEXO C

SOBRE A ARTE DE CARYBÉ SÉRGIO MILLIET COMENTA

"Há momentos em que gostaria de voltar à crítica de arte. Quando deparo com um talento de verdade, avesso às concessões que tanto contribuem para a glória do momento. Esse negócio de momento não é trocadilho, é assunto realmente momentoso. De todos os momentos da história da arte e da crítica de arte. Arquiteta-se uma teoria, cria-se um clima para ela e ai de quem não se sujeite! Será xingado de obsoleto para baixo. E como ninguém é de ferro, todo mundo quer viver e as fórmulas são fáceis, lá vai o artista de roldão, chegando, mesmo, por vezes, a acreditar no que faz. Felizmente, até nesses momentos de (paradoxalmente) subversão e submissão, há quem resista e, com teimosia, insista em não se trair, em como o se diz no verso de Vigny, 'faire sa longue et loude tâche'[122]. É certo que um ida será recompensado, mas poucos se consolam com o reconhecimento tardio de seu valor, porque mais vale ser um conformista vivo, e ainda por cima bem remunerado, do que um resistente postumamente glorificado. Essas reflexões, muito corriqueiras em verdade, eu as faço folheando a coleção de Carybé, editada pela livraria Martins Fontes. (...) Por certo pensava num Carybé, num êmulo de Carybé, a transmitir sua mensagem com desenvoltura, numa espontaneidade de traço de grande força expressiva, indo direto à exteriorização de suas emoções, sem literalice, sem preocupações teóricas, sem indagar da moda do dia. Carybé, que desenha como escreve e escreve como desenha, não precisa dar-nos as legendas de seus desenhos. O texto serve, sem dúvida, para orientar, de algum modo, o leigo, como tema serve de ponto para o amador de pintura sentir mais rapidamente os valores artísticos do quadro. Poderiam elas, entretanto, ser suprimidas sem em nada perturbar a comunicação emocional e estética. Pouco importa que seus pescadores estejam pescando o xaréu, que o espetáculo seja de capoeira, as cenas viveriam igualmente com outros nomes, dentro da mesma intensidade, do mesmo movimento, do mesmo ritmo."[123]

---

[122] Tradução: *"faire sa longue et lourde tâche"*: fazer sua longa e pesada tarefa

[123] MILLIET, Sérgio -1962. Apud ARAÚJO, Emanoel (org.) *As artes de Carybé = Las artes de Carybé*. São Paulo. Imprensa Oficial do Estado de São Paulo: Museu Afrobrasil; Salvador: Instituto/Carybé. 2009, p. 52.

ANEXO D

PRIMEIRO MANIFESTO CONTRA O SINCRETISMO NO CANDOMBLÉ BAIANO, 1983

Ao público e ao povo do candomblé:[124]

As iás e os babalorixás da Bahia, coerentes com as posições assumida na II Conferência Mundial da Tradição dos Orixás e cultura, realizada durante o período de 17 a 23 de julho de 1983, nesta cidade, tornam público que depois disso ficou claro ser nossa crença uma religião, e não uma seita sincretizada.

Não podemos pensar nem deixar que nos pensem como folclore, seita, animismo, religião primitiva, como sempre vem ocorrendo neste país, nesta cidade, seja por parte de opositores, detratores: muros pichados, artigos escritos – "Candomblé é coisa do diabo", "Práticas africanas primitivas ou sincréticas" -, seja pelos trajes rituais utilizados em concurso oficiais e símbolos litúrgicos consumidos na confecção de propaganda turística, e ainda nossas casas de culto, nossos templos incluídos, indicados na coluna do folclore dos jornais baianos.

MA BÈRÚ, OLORUN WA PELU AWON AMORISA.

SALVADOR, 27 DE JULHO DE 1983.

MENINHA DO GANTOIS, IYALORIXÁ DO AXÉ ILÊ IYÁ OMIN IYAMASSÉ;

STELLA DE OXÓSSI, IYALORIXÁ DO ILÊ AXÉ OPÔ AFONJÁ;

TETE DE IANSÃ, IYALORIXÁ DO ILÊ NASSÔ OKÁ;

OLGA DO ALAKETO, IYALORIXÁ DO ILÊ MAROIA LAGE;

NICINHA DO BAGUM, IYALORIXÁ DO ZOGODÔ BAGUM MALÊ KI-RUNDO

---

[124] OXÓSSI, Mãe Stella de, 1983, apud CAMPOS, Vera Felicidade de Almeida. *Mãe Stella de Oxóssi: perfil de uma liderança religiosa.* Jorge Zahar Ed., Rio de Janeiro, 2003. p. 44, 45.

ANEXO

SEGUNDO MANIFESTO DE MÃE STELLA DE OXÓSS, IYLORIXÁ DO ILÊ AXÉ OPÔ AFONJÁ CONTRA O SINCRETISMO NO CANDOMBLÉ BAIANO, 1983

Ao público e ao povo do candomblé:[125]

Vinte e sete de julho passado deixamos pública nossa posição a respeito do fato de nossa religião não ser uma seita, uma prática animista primitiva. Consequentemente refeitamos o sincretismo como fruto da nossa religião, desde que ele foi criado pela escravidão à qual foram submetidos nossos antepassados. Falamos também do grande massacre, do consumo que tem sofrido nossa religião. Eram fundamentos que podiam ser exibidos, mostrados, pois não mais éramos escravos nem dependemos de senhores que nos orientem. Os jornais não publicaram [a carta] na íntegra; aproveitaram [o conteúdo] para notícias e reportagens.

Quais os peixes colhidos por esta rede lançada? Os do sensacionalismo por parte da imprensa, onde apenas os aspectos do sincretismo e suas implicações turísticas (lavagem do Bonfim, etc.) eram notados; por outro lado apareceram a submissão, a ignorância, o medo e ainda a "atitude de escravo" por parte de alguns adeptos, até mesmo ialorixás, representantes de associações "afro", buscando ser aceitas por autoridades políticas e religiosas. Candomblé não é uma questão de opinião. É uma realidade religiosa que só pode ser realizada dentro de sua pureza de propósitos e rituais. Quem assim não pensa, já de há muito está desvirtuado; por isso podem continuar sincretizando, levando iaôs ao Bonfim, rezando missas, recebendo os pagamentos, as gorjetas para servir ao polo turístico baiano, tendo acesso ao poder, conseguindo empregos, etc.

Não queremos revolucionar nada, não somos políticos, somos religiosos; daí nossa atitude ser de distinguir, explicar, diferençar o que nos enriquece, nos aumenta; tem a ver com nossa gente, nossa tradição e o que se desgarra dela, mesmo que isso esteja escondido na melhor das aparências. Enfim, reafirmamos nossa posição de julho passado, deixando claro que de

---

[125] OXÓSSI, Mãe Stella de, 1983, apud CAMPOS, Vera Felicidade de Almeida. *Mãe Stella de Oxóssi: perfil de uma liderança religiosa.* Jorge Zahar Ed., Rio de Janeiro, 2003. p. 45-48.

nada adiantam pressões políticas, da imprensa, do consumo, do dinheiro, pois o que importa não é o lucro pessoal, a satisfação da imaturidade e do desejo de aparecer; mas sim a manutenção da nossa religião em toda a sua pureza e verdade, coisa que infelizmente, nesta cidade, neste país, vem sendo cada vez mais ameaçada pelo poder econômico, cultural, político, artístico e intelectual. Vemos que todas as incoerências surgidas entre as pessoas do candomblé que querem ir à lavagem do Bonfim carregando suas quartinhas, que querem continuar adorando Oiá e Santa Bárbara como dois aspectos da mesma moeda, são resíduos, marcas da escravidão econômica, cultural e social que nosso povo ainda sofre. Desde a escravidão que preto é sinônimo de pobre, ignorante, sem direito a nada a não ser saber que não tem direito; é um grande brinquedo dentro da cultura que o estigmatiza, [e] sua religião também vira brincadeira. Sejamos livres, lutemos contra o que nos abate e nos desconsidera, contra o que só nos aceita se nós estivermos com a roupa que nos deram para usar. Durante a escravidão o sincretismo foi necessário para a nossa sobrevivência; agora, em suas decorrências e manifestações públicas, gente de santo, ialorixás realizando lavagem nas igrejas, saindo das camarinhas para as missas, etc., nos descaracterizam como religião, dando margem ao uso da mesma como coisa exótica, folclore, turismo. Que nossos netos possam se orgulhar de pertencer à religião de seus antepassados, que ser preto, negro, lhes traga de volta a África, e não a escravidão.

Esperamos que todo o povo do candomblé, que as pequenas casas, as grandes casas, as médias, as personagens antigas e já folclóricas, as consideradas ialorixás, ditas antigas representantes do que se propõem, antes de qualquer coisa considerem sobre o que estão falando, o que estão fazendo, independente do resultado que esperam com isso obter.

Corre na Bahia a ideia de que existem quatro mil terreiros; quantidades nada expressam em termos de fundamento religioso, embora muito signifiquem em termos de popularização, massificação. Antes o pouco que temos do que o muito emprestado.

Deixemos também claro que nosso pensamento religioso não pode ser expressado por meio da Federação dos Cultos Afros ou outras entidades congêneres, nem por políticos, ogãs, obás ou quaisquer outras pessoas que não os signatários desta [carta]. Todo esse nosso

ANEXO 3

esforço é por querer devolver ao culto dos orixás, à religião africana, a dignidade perdida durante a escravidão e [os] processos decorrentes da mesma: alienação cultural, social e econômica que deram margem ao folclore, ao consumo e [à] profanação da nossa religião.

Salvador, 12 de agosto de 1983.

MENINHA DO GANTOIS, IYALORIXÁ DO AXÉ ILÊ IYÁ OMIN IYAMASSÉ;

STELLA DE OXÓSSI, IYALORIXÁ DO ILÊ AXÉ OPÔ AFONJÁ;

TETE DE IANSÃ, IYALORIXÁ DO ILÊ NASSÔ OKÁ;

OLGA DO ALAKETO, IYALORIXÁ DO ILÊ MAROIA LAGE;

NICINHA DO BAGUM, IYALORIXÁ DO ZOGODÔ BAGUM MALÊ KI-RUND